錦絵が語る江戸の食

松下幸子 著

遊子館

まえがき

本書は二〇〇一年三月に始まった『歌舞伎座メールマガジン』に第一回から連載を始めた「江戸食文化紀行」をもとに精選加筆して構成したものです。毎月第二と第四木曜の配信なので、今年六月二十五日で二百三回になります。歌舞伎座のメールマガジンなので、芝居関係の食べ物をと考えましたが、始めてみると資料が乏しく、二十一回目から江戸の食文化全般に対象を拡げました。毎回、食べ物のある錦絵一枚と、約八百字の文章で構成しています。

錦絵は浮世絵の中の多色摺りの木版画のことで、明和二年（一七六五）に始まり、一枚十六文から二十文ほどで売られ、当時のかけそば一杯と同じくらいの値段でした。美人画、役者絵、風景画が多く製作され、庶民の江戸土産として人気があったといいます。食べ物が描かれた錦絵は少なく、メールマガジンでは味の素食の文化センター、虎屋文庫、鰹節の「にんべん」の所蔵錦絵を使わせていただき、そのほかは国立国会図書館所蔵のもので、さらに本書をまとめるに当たって新たに数点を加えました。

錦絵の板行年は改印《あらためいん》で知ることが出来ますが、錦絵の大部分は葉書大の写真でしか見られないため判読が困難で、判読可能なものと、所蔵目録にあるもの以外は板行年を記載してありません。

錦絵に添えた文章は、江戸時代の食生活を物語る文献を引用しながらまとめ、実生活を記した日記類を重視しました。また食生活の背景となる江戸の庶民の暮らし方についても、出来るだけ触れるように心掛けました。

錦絵の中で芝居に関するものは、メールマガジンについては歌舞伎研究の碩学《せきがく》、服部幸雄先生に教えていただきました。また本書をまとめるに当たっては、石橋健一郎先生（文化庁・文化財調査官）にご教示をいただきました。

このように、本書は多くの方々のご援助によって出来上がったものです。

松下幸子

目次

行事の食

正月

〔正月の食〕正月の行事は「お正月さま」とよばれる年神《としがみ》さま（稲の豊作をもたらす穀霊、また稲作を守護する先祖の霊）を迎えて、五穀豊穣を祈る農耕儀礼が本来のもので、年神さまに供えた神饌《しんせん》を下げて神人共食するのが正月の食べ物でした。鏡餅・雑煮・おせち料理・七草粥などは、時代と共に変遷はありますが古い時代からの伝統的な正月の食べ物です。

〈鏡餅〉鏡餅は古代の円形の鏡のように丸く平たく形づくった餅で、大小二つ重ねて神仏に供え床の間に飾ります。そのほか小さいお供え餅を、台所や井戸など生活に大切な場所に供える風習もあります。

　鏡餅は一月十一日の鏡開きの日に、小さく割ってお汁粉などにします。切るという言葉を忌んで開くといい、刃物を使わず手や槌《つち》で割りました。

　下の絵は左から四代目市村家橘（のちの五代目尾上菊五郎）、五代目坂東彦三郎、二代目中村福助、初代河原崎権十郎（のちの九代目市川団十郎）で、福助の家で同世代の人気役者が集まって新年の宴会をしている情景を想定して描かれた絵です。雛壇《ひなだん》に並べられた名札のついた鏡餅は、福助の弟子達から届けられたもので、役者社会の慣例のようです。宴会の料理は、手前の大皿は刺身、奥の蓋付の器は煮物と思われますが、角鉢の料理は何でしょうか。

〈熨斗《のし》〉左頁の絵には羽子板を持つ女性と、凧《たこ》を持つ子供、左側の膳の上に長熨斗（長い熨斗鮑《あわび》）が見えます。熨斗鮑は鮑の肉を薄く長く剝《む》いてのばし乾燥したもので、神饌に用い祝膳に供し、なまぐさ物以外の贈り物に添えました。江戸後期の随筆集『閑窓瑣談《かんそうさだん》』には熨斗についておよそ次のように記されています。「正月に熨斗鮑を三方《さんぼう》にのせて賀客に

役者の新年　二代歌川国貞（のちの四代歌川豊国）画　文久三年（一八六三）　国立劇場蔵

出すのは、長生不死の薬だからである。昔は熨斗鮑を食物にしたが、当今は祝儀の贈り物に添える物になっている。」

〈雑煮〉料理書に雑煮が登場するのは明応六年（一四九七）と奥書にある『山内料理書』が最も古く、酒の肴《さかな》とされています。同じ室町時代の『言《とき》継《つぐ》郷《きょう》記』の天文三年（一五三四）正月元日に雑煮の記載があります。また安土・桃山時代に編纂された『日葡《にっぽ》辞書』には、ザウニを「正月に出される餅と野菜で作った一種の煮物」と定義しています。

江戸時代には将軍から貧しい人々まで、正月には雑煮を祝うようにな

豊歳五節句遊（正月）　香蝶楼国貞（のちの三代歌川豊国）画　国立国会図書館蔵

りました。

雑煮の作り方には時代による違いがあり、室町時代の雑煮の調味は味噌でしたが、江戸時代に入ると醬油も次第に使われるようになりました。『料理物語』（一六四三）の雑煮は「中《ちゅう》みそ又すましにても仕立候。もち　とうふ　いも（里芋）　大根　煎海鼠《いりこ》　串鮑《くしあわび》　平鰹《ひらかつお》　茎立《くきたち》など入よし」とあ

年賀客のもてなし　『日用惣菜俎』

ります。煎海鼠はなまこの内臓を除き薄い食塩水で茹で乾燥したもの、串鮑は鮑の腸を除き串にさし乾燥したもの、平鰹は鰹節を薄く削ったもの、茎立はあぶら菜の小さいものなど、葉の中に芯が立ち蕾《つぼみ》のある菜をいいます。材料からみてこれは上流階級の雑煮のようです。

文化十年（一八一三）頃に、幕府の奥儒者屋代太郎弘賢《ひろかた》が諸国の年中行事について調査した『風俗問状答《ふうぞくといじょうこたえ》』では、通例を「雑煮餅の事　菜　芋　大根　人参など」としています。

幕末の風俗を記した『守貞謾稿《もりさだまんこう》』（一八五三）には「大坂の雑煮は味噌仕立なり。五文取りばかりの丸餅を焼き、これを加ふ。小芋、焼豆腐、大根、乾蚫《ほしあわび》、大略この五種を味噌汁にて製す。」「江戸は切餅を焼き、小松菜を加へ、鰹節を用ひし醬油の煮だしなり。」とあり、東と西の雑煮の違いは江戸時代からです。

〈おせち料理〉 上の図は年賀の客をもてなしている光景で、客の前の膳には雑煮の椀があり、女性が重箱からおせち料理を取り分けています。重箱の手前には屠蘇《とそ》の銚子があり、奥の三方《さんぼう》は正月の飾り物の蓬《ほう》萊《らい》または喰積《くいつみ》とよばれるものです。

天保七年（一八三六）刊の『日用惣菜俎《にちようそうざいまないた》』には年始重詰の献立として「初重かずのこ、二重ごまあへ、たゝき牛蒡、三重鮒昆布巻、四重かやく入黒煮豆」とあり、又は、として照りごまめがあります。

おせち料理は元来は「御節《おせち》」で、正月や五節供《ごせっく》（人日《じんじつ》・上巳《じょうし》・端午《たんご》・七夕・重陽《ちょうよう》）などの節日《せちび》に神に供える御節供《おせちく》の略でした。それが江戸後期頃から節供を略した節《せち》が正月の食べ物を指す言葉になったようです。

〈七草粥《ななくさがゆ》〉 正月七日の朝に七草粥を食べて、一年中の無病を祈るのが七草の行事です。七草の歌には「芹《せり》、なづな、ごぎょう、はこべら、ほとけのざ、すゞな、すゞしろ、これぞ七種《ななくさ》。」とありますが、幕末には一、二種だったようです。

〈日本橋の正月〉 左頁の絵は日本橋の北詰で、晴着姿の女性のほか、行商人や山積みの荷の荷車も見え、初荷でしょうか。日本橋は五街道の起点で周辺には魚市場もあり、江戸の商業の中心地でした。

東海道五十三次の内　日本橋の図　香蝶楼国貞（のちの三代歌川豊国）画　国立国会図書館蔵

行事の食

雛祭

【由来】雛《ひな》祭の起源は、古代からあった雛《ひいな》遊びと、中国から伝わった三月上巳《じょうし》（三月最初の巳《み》の日）の祓《はらい》の行事が混交して始まったものといわれています。雛遊びの初めは定かではありませんが、紙や布製の一対の人形を使った上流社会の少女たちの日常の遊びで、『源氏物語』や『宇津保物語』にも見られます。

また祓の行事は、紙や藁《わら》で人間の形に作った人形《ひとがた》に酒食を供えてから、人形で体をなでて汚れや災厄《さいやく》を移し、海辺や川辺で水に流す行事でした。この日は家中が屋外で共同飲食をする風習があり、磯遊びや山遊びが行われました。現在雛祭りの食べ物として蛤《はまぐり》や浅蜊《あさり》を用いるのは、磯遊びの風習の名残りと考えられています。

豊歳五節句遊（雛祭）　香蝶楼国貞（のちの三代歌川豊国）画　国立国会図書館蔵

中世以後は人形を水に流さず保存するようになり、紙雛や土雛が作られ雛《ひな》遊びが行われるようになりました。江戸時代初期には雛遊びは三月三日に定着し、五節供の一つと定められてからは将軍家、大名、また民間でも桃の節供が行われるようになりました。

【雛人形】『骨董集』上編下の巻（一八一五）には、江戸初期の寛永から元禄頃の雛遊びは質素で、敷物を敷いて一対の立雛《たちびな》を置くくらいで壇を作ることは少なく、享保（一七一六―三六）頃になって一段を設けるようになったとあります。雛人形は初めは立雛でしたが、江戸中期以降には美しい衣裳の座雛《すわりびな》が作られるようになりました。雛壇の段の数も寛延（一七四八―五一）頃は二段、明和（一七六四―七二）頃には三段になったといわれています。

雛壇に多くの人形が飾られるようになると、もともとの男女一対の雛

三ツ会姫ひゐなあそひノ図　三代歌川豊国画　文久元年（一八六一）　虎屋文庫蔵

は内裏《だいり》雛とよばれるようになり、様式によって寛永雛・次郎左衛門雛・有職《ゆうそく》雛・古今《こきん》雛などがありました。

文化・文政（一八〇四―三〇）頃には、三月三日に雛人形を飾る雛祭は、一般家庭にも普及して年中行事として定着したようです。

『守貞謾稿』には当時の雛人形の飾り方を次のように記しています。

「江戸は壇を七、八階とし、上段に夫婦雛を置く。けだし御殿の形を用ひず、雛屏風の長《た》け尺ばかりなるを立て廻し、前上には翠簾あるひは幕を張り、その内に一対雛を飾る。二段には官女等の類を置く。また江戸には、必ず五人囃子《はやし》と号《なづ》け、笛・太鼓・つゞみを合奏する木偶《でく》を置く。必ず五人なり。あるひは音楽の形を作り、多くは中楽《さるがく》の囃子なり。それ以下の棚には、琴・琵琶・三絃、碁・将棊《しょうぎ》・双六《すごろく》の三盤、御厨子《みずし》だな・黒棚・書棚・見台・簞笥・長持・挟箱《はさみ》・鏡台・櫛筥《くしばこ》等の類、皆必ず黒漆ぬりに牡丹・唐草の蒔絵あるを普通とし、あるひは別に精製して、定紋に唐草を金描きし、あるひは梨子地《なしじ》蒔絵の善美を尽くすあり。」

これは富裕層の例と思われますが、江戸後期の幕府の倹約令の中には、雛や雛道具の華美を制限する禁令もみられます。

〔雛祭の食べ物〕『日本歳時記』（一六八七）には、「よもぎ餅を食べ、桃花酒を飲み、よもぎ餅を親戚におくる」とあります。桃花酒は桃の花を浸した酒で、これを飲めば病を除き顔色がよくなるといわれていました。

『風俗問状答』の問状には「ひな祭の事、草の餅を菱に切りたる、又桃の花通例、何ぞ異なる品も候や。菓子は魚鳥の形をらくがんにて作りたる通例、猶ことなるも候や、草の餅はゝこ草をも用ひ候や」とあり、これが江戸の通例のようです。

答書を見ると、草餅は各地で作るとしており、異なる品として白酒、蛤をあげた所が数ヵ所あります。

〈草餅と菱餅〉草餅には現在は蓬《よもぎ》を用いますが、古くは母子草《ははこぐさ》でした。『日本歳時記』にはよもぎ餅とありますが、『風俗問状答』では、草餅にどちらを使うかという問に、母子草と答えている地方もありますから、文化年間にも両方が使われていたようです。雛に供える草餅を菱形に切った菱餅は江戸初期から見られますが、菱形の餅は室町時代から祝いの席などに用いられています。

『守貞謾稿』には、雛祭の菱餅は三枚で、上下が緑で中が白、菱形の台にのせて供えるとありますが、明治四十四年（一九一一）刊の『東京年中行事』には、赤白緑の三色とあり、現在と同じ三色の菱餅が用いられるようになったのは明治以降のようです。

〈白酒〉雛祭の酒は『日本歳時記』には桃花酒とありますが、文化年間の『風俗問状答』では白酒と答えた地方もあります。『江戸名所図会』（一八三四）には、雛祭前に白酒を買う人で大混雑の神田鎌倉河岸の豊島《としま》屋の図があり、江戸後期には白酒だったようです。白酒は江戸初期から山城国《やましろのくに》の名物で山川酒とよばれ、山間の川水は急流で白く濁っていて白酒と似ているところからの名といいます。なお、白酒は甘味が強い粘稠《ねんちゅう》な酒ですが、甘酒はアルコールをほとんど含まず甘い飲物です。

〈雛祭の献立〉『還魂紙料《かんこんしりょう》』（一八二六）には、「古老の伝えていふ。むかしはものごと質素にして、雛遊びの調度も今のごとく美麗なるを用ひず。飯にもあれ汁にもあれ、蛤の貝に盛りてそなへけるとぞ」とあります。雛人形が次第に華美なものになったのにつれて、雛に供えて人も祝う雛の料理も贅沢《ぜいたく》なものになったようです。また身分による違いも大きいので、いくつかの例を紹介しましょう。

『日用総菜俎《にちようそうざいまないた》』の雛祭の献立は次のようなものです。

汁　たんざくうど　浅草のり

十二月の内　弥生　雛祭　三代歌川豊国画　嘉永七年（一八五四）　国立国会図書館蔵

平（煮物）　かんぴょう　大椎茸　くわい　はすの根　あわび
鱠　あさつき　あさりむきみ　とうがらしみそ和え
皿（焼物）　ひらめ切身　新せうが
猪口　枸杞《くこ》の芽浸し　けしふりかけて
小豆めし
香の物　三月大根新づけ
重詰
初重五色　梅花玉子　あわび　花えび　よせ豆腐　しぎいも
二重七色　ねぢ梅くわい　火取長芋　香茸《こうたけ》　わらび　百合根
きやらぶき　すだれ麩けしふりて
三重五色　わかさぎつけ焼　木の葉かれい　ひいか芝煮
とこぶし貝共　小さざい同じく

この献立は一般家庭には贅沢なようで、流行作家滝沢馬琴の『馬琴日記』によると、馬琴家では、天保五年（一八三四）三月三日には、昼食に赤豆飯と一汁二菜、夕食に白酒と煮染物《にしめもの》で雛祭を祝っています。

『慶応二年御献立帳』は、ある大名の江戸屋敷での一年間の献立の記録で、研究者によると大名は二万二千五百石の三河半原藩主阿部摂津守信発《のぶおき》とされています。三月三日の昼が御祝膳で、次のような献立です。

汁　半ぺん　よめな
平　さより　竹輪麩　みつば
猪口　いり玉子
焼物　いさき
香の物
飯

雛への供膳は
本膳　汁　はんぺん
鱠　赤貝　うど　みしまのり
平　蒲鉾　椎茸　長芋
猪口　いり玉子
香の物　みそ漬大根
飯
二の膳　汁　短冊玉子　ふき
坪　薄葛しめ豆腐　ぎんなん
焼物　わかさぎ

雛へはこのほか三重の重詰が四種類つき、殿様よりも豪華な献立です。

行事の食

端午

〔由来と行事〕五月五日の端午《たんご》の節供は、中国からの伝来と日本古来の習俗が混交した、病気や災厄《さいやく》を払う行事です。

奈良時代に朝廷で始まって民間の行事ともなり、江戸時代には五節供《ごせっく》の一つとして盛んに行われました。『東都歳事記』（一八三八）からこの日の行事を要約すると「江戸城では端午の御祝儀があり、民間の家々では軒端に菖蒲や蓬《よもぎ》をふき菖蒲酒を飲み、粽《ちまき》や柏餅を作る。武家はいうまでもなく町方でも、七歳以下の男子がいる家では戸外にのぼりを立て、冑《かぶと》人形を飾った。この頃では簡易に屋内に座敷のぼりを飾ることや、紙で鯉の形をつくり竹の先につけて立てることも行われている。」

下の団扇《うちわ》絵を見ると左上に薬玉《くすだま》があります。薬玉は端午の節供に邪気を払うために柱などに掛けたもので、麝香《じゃこう》・沈香《じんこう》・丁字《ちょうじ》などの香料を錦の袋に入れて糸や造花で飾り、五色の糸を長く結び下げたものです。

左頁の絵には金太郎の人形、鐘馗《しょうき》（魔よけの神）を描いたのぼり、鯉のぼりなどが見えます。

〔粽と柏餅〕粽を端午の節供に用いるのは中国の故事によるもので、日本に伝わったのは古く、平安時代の『延喜式《えんぎしき》』にも粽の記載があります。

江戸時代も初期までは粽で、中期頃から柏餅が併用されたようです。柏餅は自家製が多く『続飛鳥川《あすかがわ》』には「柏餅、宝暦（一七五一―六四）の頃より下谷亀屋其外にてうり始。」とあります。幕末になると『絵本江戸風俗往来』に、五月五日には「市中皆柏餅を食う。この柏餅は手製なり　また菓子屋へ注文するあり」とあって、同じ頃の大坂町奉行の見聞録『浪華《なにわ》の風』には「柏餅を製するは稀なり、すべて茅巻《ちまき》を用ゆ。」とあります。関東では柏餅、関西には粽が多い現在の傾向は、幕末には

五節掛物の内五月（団扇絵）　三代歌川豊国画　国立国会図書館蔵

ほぼ定着していたようです。

『守貞謾稿』には柏餅の作り方があり、赤豆《あずき》餡には柏葉表を出し、味噌餡には裏を出して区別するとあり、これも現在と同じようです。

豊歳五節句遊（端午の節句） 香蝶楼国貞（のちの三代歌川豊国）画 国立国会図書館蔵

行事の食

七夕

〔由来と行事〕七夕は、奈良時代に中国から牽牛《けんぎゅう》星・織女《しょくじょ》星の伝説と、乞巧奠《きっこうでん》の風習が伝わり、日本固有の棚機津女《たなばたつめ》の信仰と習合して始まったといわれています。牽牛星は鷲《わし》座のアルタイル、織女星は琴座のベガで、牽牛は農事を、織女は織物や裁縫をつかさどる星として、二つの星が天の川をはさんでめぐり逢う七夕に、裁縫などの上達を願う行事が乞巧奠でした。また棚機津女は機《はた》で布を織る女性で、水辺の機屋で神を迎えて祭り、神を送る日には神に托して人々の穢《けが》れを持ち去ってもらう神女でした。七夕はこのように穢れを祓《はら》う行事で、七夕竹を海や川へ流すのは祓いの作法でした。

七夕は江戸時代には五節供の一つとして幕府の公式行事であり、民間でも盛んに行われました。家々の屋根の上には、七夕の詩歌を書いた短冊や、色紙で切った網や吹き流しなどをつけた青竹が立ち、空を覆うばかりであったといいます。

下の絵には「風流役者地顔五節句」とあり、地顔（素顔）の役者は、初代澤村源之助で、のちの四代目澤村宗十郎です。台の上にあるのは組立灯籠《とうろう》とよばれるもので、切抜き絵を組立てて風景をつくり、蠟燭《ろうそく》で内側から照らすものです。絵の上部には牽牛と織女が描かれています。

七夕の笹　『守貞謾稿』

風流役者地顔五節句　七月の図　初代歌川豊国画　文化六年（一八〇九）頃　国立国会図書館蔵

〔七夕の食べ物〕江戸時代には素麺《そうめん》と瓜類などの果物が七夕の食べ物でした。室町後期の『尺素往来《せきそおうらい》』には「かじの葉の上の索餅《さくべい》は七夕の風流」とあり、七夕には索餅だったようです。索餅については菓子か麺かなど定説がありませんが、一般には索餅がのちに素麺となったと考えられています。将軍家の七夕の祝膳献立にも素麺があり、京都の公家社会の七夕の膳にも素麺が見られ、一般の人々も七夕には素麺を食べ、また贈答の品としていました。

〔滝沢馬琴家の七夕〕江戸後期の戯作者《げさくしゃ》滝沢馬琴の生活の記録『馬琴日記』は庶民の生活を知ることのできる貴重な記録です。天保五年（一八三四）の七夕の行事を食べ物を中心に要約してみますと、七月五日に「晴　風あり　今朝はじめて秋風たつ」とありますが、旧暦の七月は季節は秋でした。この日は七夕祝儀として吉野葛小袋入を知人から贈られています。六日には七夕の短冊竹二本に、長男宗伯の妻お路とその子の太郎が、色紙や短冊に詩歌を書いて付けています。夕方には婿の清右衛門が七夕祝儀として素麺大束五把と室鯵《むろあじ》干物《ひもの》二十枚を持参しています。夜には馬琴の妻お百が地主の家へ孫の太郎を連れて素麺大束三把を贈りに行き、太郎へ真桑瓜二個を貰っています。七日には松前藩に仕える宗伯が、礼服で松前屋敷へ七夕祝儀の挨拶に行き、太郎も母親の実家へ羽織袴で挨拶に行き、庭の木の林檎を十六程届けています。昼食は家内一同七夕の祝膳で、献立は赤飯と一汁二菜と漬物でした。

豊歳五節句遊（七夕の節句）　香蝶楼国貞（のちの三代歌川豊国）画　国立国会図書館蔵

十二月の内
水無月　土用干
三代歌川豊国画
嘉永七年（一八五四）四月
味の素食の文化センター蔵

行事の食

土用干

〔土用干《どようぼし》〕 夏の土用中に衣類や書籍などを取り出して風を通して梅雨中の湿気を払い、害虫を除くことで虫干《むしぼし》ともいいます。水無月《みなづき》は六月で、旧暦六月は現在の七月頃にあたり暑い盛りです。衣類は家中に縄を張り渡して掛け、風を通しました。

土用は立春・立夏・立秋・立冬の前、各十八日の名称ですが、狭義では立秋前の夏の土用をさします。

〔西瓜《すいか》〕 上の土用干の絵の中央に浅い大鉢に盛られた西瓜が見えます。江戸時代の代表的農書『農業全書』（一六九七）には「西瓜は昔は日本になし。寛永の末ごろ初めて其種子来り、其後やうやく諸州にひろまる」とありますが、十四世紀には既にあったともいわれています。江戸時代には夏の食べ物として人気がありましたが、現在の西瓜のような甘さはなかったようで、『本朝食鑑』（一六九七）には、西瓜を半分に割り、果肉をえぐって砂糖を入れ、暫《しばら》くおいてから食べる方法が書かれています。明治になってから現在の西瓜の親品種が導入され、改良を重ねて甘くおいしい西瓜が普及しました。江戸時代には西瓜は大都市の周辺で栽培され、江戸近郊では八王子・世田谷・北沢・亀戸・大森・羽田などが名産地でした。

江戸時代の料理書には食禁（食い合わせ）の中に西瓜がよく登場し、「そば切を食し西瓜を食すれば其まま食傷（食あたり）す」「蕎麦に西瓜苣《ちさ》は半日忌むべし」「天ぷらに西瓜」などがありますが、現在の常識からすれば、過食しなければ支障はないようです。

十二月の内
文月　二十六夜待
三代歌川豊国画
嘉永七年（一八五四）
国立国会図書館蔵

行事の食

二十六夜待

【由来】江戸時代には、一月と七月の二十六日の夜に、月の出るのを待って拝む二十六夜《にじゅうろくや》待《まち》という行事がありました。この日の夜半すぎに出る月は、出る間際の光が三つに分かれ、瞬時にまた一つになるように見え、その光の中に阿弥陀・観音・勢至《せいし》の三尊の姿が見えるといわれ、これを拝むと幸運が得られるという信仰です。一月は寒いので七月の二十六夜待が、江戸を中心に盛んに行われました。

江戸では、月の出を拝むことのできる高台や海岸に人々が集まり、中でも高輪や品川の海岸は多くの人で賑わい、料理屋は繁盛し、路上には酒食の屋台が並び、歌舞音曲などの催しも行われました。『江戸名所図会』にも「高輪海辺七月二十六夜待」としてその光景が描かれていますが、この行事は天保の改革以降は規制を受けて衰えたといいます。上の絵は二十六夜待の夜の、海を見はらす料理屋で、場所は品川のようです。（104頁参照）

【絵の中の料理】中央の徳利の左の深鉢は水の物（水物）に見えます。夏に冷水に栗・梨・茄子・金柑などを食べやすく切って浮かべ、箸や指先でとって食べるものです。徳利の右の深鉢は中に盃が見え盃洗《はいせん》（さかずき洗い）のようです。右側の大皿には蟹が盛られています。現在は蟹といえばズワイガニやケガニなどを連想しますが、江戸時代の海産の蟹はおもにガザミ（ワタリガニ）でした。魚介類の中では下等なものとされ料理書にもあまり見られません。大皿の蟹は蒸すか茹でるかしたもののようですから、調味酢を付けて食べるのでしょうか。

行事の食

重陽

【由来と行事】重陽《ちょうよう》の節供は九月九日です。九は陽数（奇数）で、これが月日ともに重なるところからめでたいとされ、平安初期に中国から伝わった行事です。江戸時代には五節供の一つとして、江戸城では諸大名が登城して重陽御祝儀が行われ、菊酒で祝いました。菊酒は菊の花を酒に浸したもので、邪気を払い寿命を延べると考えられており、重陽は菊の節供ともよばれました。

【重陽の食べ物】『日本歳時記』には重陽には「栗子飯を食ひ、菊花酒をのむ」とあります。『馬琴日記』には天保五年（一八三四）九月九日の記事に「今日、諸神御酒・神燈供献如例。昼飯赤豆飯《あずきめし》・一汁二菜、家内一同祝之。」とあります。この日の午後には長女の夫の清右衛門が祝儀の挨拶に来ていますが、清右衛門は前日に重陽の贈り物として栗を一升五合持参しています。次女の夫の久右衛門も栗一升を持参しており、重陽には栗が付き物で、栗の節供ともよばれていました。

　幕末の江戸の食生活を知ることのできる史料の一つに、林英夫氏によって翻刻された『単身赴任下級武士の幕末「江戸日記」』（一九八三）があります。紀州藩の江戸勤番の酒井伴四郎の万延元年（一八六〇）五月十一日から十一月末までの日記です。伴四郎はこの年二十八歳で禄高は三十石程度、紀州藩の赤坂藩邸北側の勤番長屋に、叔父と低禄の大石直助と同居していました。九月九日の日記の中に「今日は節句の事ゆえ直助薬喰《くすりぐい》し、小豆の煮汁と小豆共に少々貰《もらい》赤飯を焚《たく》、至極よく出来候。然処時気《しかるところじき》にて魚類は無之《これなく》淋し、鰹節にて祝ひ候。また夕飯に酒一合奢り、焼とふふにて呑候。」とあります。薬喰は猪・鹿などの獣肉を食べるこ

豊歳五節句遊（重陽の節句）　香蝶楼国貞（のちの三代歌川豊国）画　国立国会図書館蔵

當世菊見図　歌川国輝画　国立国会図書館蔵

とで、当時は獣肉は穢《けが》れがあると忌避《きひ》されていたので、滋養のための薬と称して食べていました。魚がなくて鰹節、酒の肴《さかな》は焼豆腐など、下級武士の生活は質素でした。

〔菊見〕重陽は菊の節供ともよばれましたが、菊の季節には菊見が盛んに行われました。

上の絵は茶屋の菊見の席で、菊で作られた帆掛船が飾られています。江戸時代には園芸植物が愛好され、時代によっていろいろな花が流行しました。寛永期には椿、元禄期には楓《かえで》やつつじ、享保期には菊、寛政期にはたちばな、文化期には朝顔、文政期には万年青《おもと》と松葉菊、弘化期には花菖蒲と菊、嘉永期には小万年青と朝顔が流行したといいます。

花の品評会を花あわせとよび、菊では菊あわせが催され、また菊人形などの飾り物が発達しました。『江戸名所花暦』（一八二六）には「巣鴨には植木屋所々にあり。文化のはじめころ、菊にて作り物を工夫せしなり。植木屋ならでも作りたるなり。」とあり、獅子の子落し・布袋《ほてい》の唐《から》子《こ》遊び・汐汲の人形などを菊の花と葉で作ったとあります。また雑司ヶ谷でも鬼子母神の境内や料理屋の奥庭、茶店などが菊を栽培して菊の作り物をつくり、参詣の人々の見物で賑わったとあります。

前述した紀州藩の酒井伴四郎の日記にも、十月七日に友人達と菊見物に出かけ、百人町（現在の新宿区大久保辺）で、与力《よりき》や同心の屋敷の庭の菊を見物したと書かれています。

〔菊の花の料理〕江戸時代には菊の花は青物（野菜）の一種でした。『料理物語』（一六四三）には「菊のはなさしみによし」とあり、さっと茹でて酢味噌を添えています。当時は魚介類に限らず、茄子・葱・こんにゃくや、たんぽぽや牡丹の花なども、生またはゆでて調味料をつけて食べるものを刺身とよんでいました。

酉のまち

〔鷲《おおとり》神社の祭礼〕 酉《とり》のまちは酉の市《いち》、お酉さまともよばれ、十一月の酉の日に行われる鷲大明神をまつる鷲神社の祭礼です。一の酉、二の酉とあり、三の酉のある年は火事が多く、吉原に異変があるといわれていました。江戸周辺では葛西花又村に古くから鷲神社があり、また目黒にもありましたが、江戸時代後期には、浅草新吉原の裏田圃《たんぼ》（現在の台東区千束）にある鷲神社が、最も参詣人が多く賑わいました。鷲大明神は開運、商売繁盛の神として信仰され、路の両側には笊・竹箒・熊手・頭《とう》の芋・柚・蜜柑・柿・金柑・琉球芋・飴・黄金餅・小間物など、種々の商人が出て市のように繁盛し、参詣する人、帰る人で大混雑しました。

上の絵は日本堤を行く参詣帰りの人々で、後の方には吉原遊廓の屋根が見えます。左の女性が提げているのは酉の市の土産の頭《とう》の芋で、中央の女性は切餅の包みを持ち、右端のお供の小僧は熊手を担いでいます。熊手は福を掻き込む縁起物として、おかめの面や宝船を付けたものが売られていました。『守貞謾稿』には、熊手を買うのは遊女屋・茶屋・料理屋・船宿・芝居関係の者で、一年中天井の下にかけておくとあります。

また酉のまちの名称について次のように記しています。「酉《とり》の町は酉待《のまち》の訛り、また待は祭の誤りなり。庚申待《こうしんまち》、甲子《かつし》待、己巳《きし》待、および月待、日待、代待《だいまち》等、今俗その前夜通宵《つうしよう》等して、これを待つのことと思ふは誤りなり。待は祭の誤りなり。まつりのつり反し、ちなり。」

〔縁起物の土産〕 酉のまちでは熊手のほか頭の芋と切餅も縁起のよい土産でした。『守貞謾稿』には「芋魁《かしらいも》、何首烏玉《かしゅうだま》とともに笹枝に貫き売る。また黍《きび》餅をも売るを例とす。かしう玉、平日食すこと更にこれなく、たゞ今日のみこれを売りこれを食す。」とあります。

〈頭の芋〉 人の頭《かしら》に立つという名から縁起がよいとされましたが、唐《とう》の芋とも書き芋魁《かしらいも》も同じです。頭の芋は里芋の一品種で現在の八つ頭《がしら》のように考えられます。江戸時代から里芋には品種が多く、地方名もあって確実なところはわかりませんでした。また何首烏玉は何首烏芋のことで、ヤマノイモ科の植物で、塊根にひげが多いので毛芋《けいも》ともよばれ、苦味があるので日常は食べなかったようです。

〈切餅〉 黄色の餅で、黄金《こがね》餅ともよび、黄金持に通じるところから縁起物として酉のまちで売っていました。『守貞謾稿』には黍餅とあり、『東都歳事記』には粟《あわ》餅とありますが、共に黄色の餅です。『東京風俗志』中巻の酉の市の項には、白・赤・緑の三色の切餅とあり、上の絵の切餅

十二月の内　霜月　酉のまち　三代歌川豊国画　嘉永七年（一八五四）　国立国会図書館蔵

も三色に見えますから、幕末の嘉永頃には三色の切餅も売られていたようです。

〔酒井伴四郎の酉のまち〕

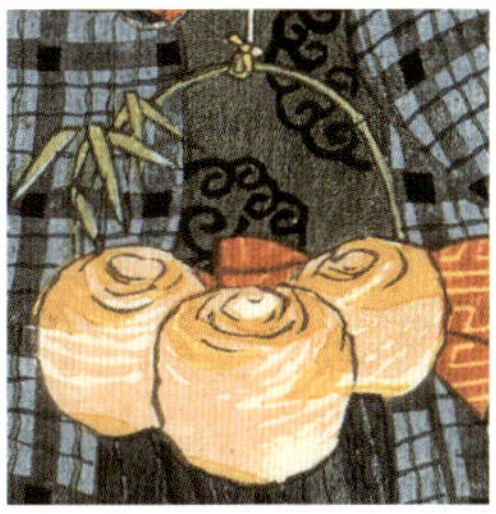

重陽のところで紹介した江戸勤番の紀州藩下級武士の酒井伴四郎の日記には、万延元年の十一月八日の酉のまちの日の体験が詳しく書かれています。長文なので食べ物に関係した部分を主にして引用します。

「極晴天、今日は酉待にて鷲大明神の御祭ゆえ佐津川源九郎を誘ひ叔父様と予三人連にて出、上野にて煙管《きせる》を買、それより名高き雁鍋え這入り候処おびただしき客にて居《すわ》り所もこれなく、ようやく押分け居り、雁鍋にて酒五合呑立出、それより鷲大明神へ参詣仕候処、おびただしき参詣群衆爪の立所も無之《これなく》候。さて此祭は御国の十日恵美須《えびす》の類にて、売物はさらへに俵御多福大帳的に矢男根何やかや色々の目出度物を括り付有之、それを人々皆買て帰り、遊女屋其外人寄《ひとよせ》の商買人は一つを壱両弐両三両まで買て帰り、又其形の花かんざしも沢山何れも其大成《おおきなる》を差上人込を続て通るを見れば誠に立派にて候。又芋頭を湯煮して買（売か）候店も中々おびただしく、参詣人は悉く買て帰る。（中略）浅草え来り空腹に成候処、料理茶屋え這入候処、おびただしき客の込合にて手が行届かね暫く待され、ようやく茶碗蒸、かれいの甘煮にて酒壱合呑飯を喰、それより観音え参詣、此所にて佐津川に別れ紛るる。それより上野え来候はば早雁鍋にも客断りの札出し有之。此所にて日も入、市谷え来り候はば六つ時に成、めしのさい小はだの附焼を買帰り候（後略）」

餅つき

〈錦絵の役者衆〉五枚続きの「甲子《きのえね》春黄金若餅《はるこがねのわかもち》」の錦絵には、右の方から糯米《もちごめ》を蒸し、臼でつき、つき上がった餅を丸めたり伸したりする光景が描かれています。働いている十五人は役者の似顔で、傍に名前が書いてあります。右の方から、市川八百蔵、市川市蔵、澤村訥舛《とつしょう》、中村芝翫《しかん》、市村家橘、市川九蔵、河原崎権十郎、嵐吉六、坂東村右衛門、坂東三津五郎、坂東彦三郎、市川小団次、澤村田之助、尾上栄三郎、岩井粂三郎とあります。

〈江戸の餅つき〉餅つきは江戸の年末の風物詩で、〝八百八町杵《きね》の音〟とまでいわれています。『東都歳事記』には、十二月二十六日に次のように記しています。「此節より餅搗街に賑し。其躰《てい》尊卑によりて差別あれども、およそ市井の餅つきは、餅搗者四五人宛組合て、かまど・蒸籠《せいろう》・臼杵・薪何くれの物担《にな》ひありき、傭て餅つかする人 糯米を出して渡せば、やがて其家の前にてむら立、街中せましと搗たつることいさましく、昼夜のわかちなし。俗是を賃餅又は引ずりなどといふなり。都《すべ》て下旬親戚に餅を送り歳暮を賀す、是を餅配りといふ。塩魚乾魚を添るなり。」

江戸では十二月も十五日を過ぎると、大きな商家では自分の家で餅をつき、一般の民家では菓子屋へ注文したり、餅つき人足に頼みました。

〈餅つきの記録〉江戸の餅つきでは、どのくらいの分量の餅をついたのでしょうか。元禄十二年（一六九九）創業の日本橋の鰹節商「にんべん」の高津家には『家内年中行事』という、文化十二年（一八一五）に六代目当主が制定して、法事や年中行事を計画的に行うことを定めた記録があります。その中の十二月には十二の餅搗覚《おぼえ》があり、十二年分と思われますが、年による差は少ないので、元治元年（一八六四）の餅搗覚を要約してみましょう。

「丸餅四升取八寸四個、二升七合取七寸八個、一升五合取六寸五十一個、一升取五寸一個、三合取三寸五十五個」「水取に五斗五升」「のし餅に五斗三升九合」。

丸餅は鏡餅のことで、四升取八寸は糯米四升で直径八寸の丸餅を作るということです。水取は水餅で、甕《かめ》などに水を張って中に入れ、硬くな

甲子春黄金若餅
三代歌川豊国画
文久三年（一八六三）
味の素食の文化センター蔵

らず黴《かび》も生えないように保存した餅です。一合を百四十グラムで計算すると、全部で糯米三百四十キログラムになります。餅つきは永寿庵へ注文しています。大きな商家なので随分大量の餅ですが、丸餅にはそれぞれ届け先も書いてあり、親戚や知り合いに歳暮として配ったようです。

もう一つは中流家庭の例ですが『馬琴日記』には、天保五年（一八三四）十二月の記録に、糯米四斗七升を笹屋に注文して、鏡餅、のし餅、水餅とし、水餅で自在餅（あんころ餅の大きいもの）を作り、一部を親戚や地主に届けたとあります。

〔江戸の餅〕 餅は現在でも正月や節供などの年中行事や祝い事には用いられますが、江戸時代の餅は、現在より大切な食べ物だったようで、絵や随筆にもよくとり上げられています。横井也有の『鶉衣《うずらごろも》』（一八四一）には、年中行事に伴う餅を、軽妙な筆致で次々にあげた「餅の辞」があります。

また、大坂の国学者田宮仲宣《なかのぶ》は『愚雑俎《ぐざつそ》』の中の「年始賀餅《ねんしがべい》」で、餅の味について次のように述べています。「年始の賀餅を歳末に製す。此餅甘美なる事、他日の餅に勝る事十倍の甘味なり。人毎に云、寒の水を以て製する故かくの如く美味なりと。予、餅をたしなむ事多年、これをこころむるに、餅は四時（四季）をいとはず甘美なり。唯搗く杵の数によれり。過たる物は淡く、足らざるものは米粒化せずしてあらく味ととのわず。唯杵数百五六十の物過不足なく、これ真の甘味なり（後略）。」寒の水を用いた餅は美味で、杵数が多すぎても少なすぎても味が落ちるなど、江戸時代の人は餅の味について詳しかったようです。

行楽の食

梅見

〔梅の名所〕 日本人が好きな花は、中世頃までは梅で、その後桜になりましたが、江戸時代の花見は「梅に始まり菊に終わる」といわれ、桜よりも早い梅の花見も盛んでした。

江戸には梅の名所も多く『江戸名所花暦』には、梅屋敷・亀戸天満宮境内・御嶽神社・百花園・駒込うなぎ縄手、茅野天神境内・宇米茶屋《うめがちゃや》・麻布竜土組屋舗《やしき》・蒲田村・杉田村などをあげています。

また、梅屋敷については「本所亀戸天満宮より三丁ほど東のかた、清《せい》香庵《きょうあん》喜右衛門が庭中に臥竜梅《がりょうばい》と唱《とな》ふる名木あり。実に竜の臥《ふ》したるがごとく、枝はたれて地中にいりてまた地をはなれ、いづれを幹ともさだめがたし。にほひは蘭麝《らんじゃ》をあざむき、花は薄紅なり。園中梅《うめ》樹多しといへども、ことに勝れたり。四月《うづき》のころにいたれば、実《み》梅《うめ》と号《なづ》けて人々またながむ。」とあります。梅屋敷は現在の江東区亀戸三丁目辺にあり、庭内の建物清香庵は安政の江戸地震（一八五五）で潰れ、臥竜梅は明治四十三年（一九一〇）の水害で枯死し、明治末には廃園になったそうです。

下右の絵には「梅屋敷漬梅」とあり、梅屋敷では梅の実を梅干にして臥竜梅の漬物と称し、園内で売っていたそうです。梅屋敷には初め三百六十本の梅の木を植えたとありますから梅の実の収穫量も大量だったことでしょう。

〔梅干〕 梅干の名は、鎌倉初期のものといわれる『世俗立要集《せぞくりつようしゅう》』に武家の酒肴《しゅこう》としてあり、梅干の作り方は江戸時代に入ってからの文献にあります。

『本朝食鑑《ほんちょうしょっかん》』の梅干の作り方を要約すると「熟しかけの梅をとって洗い、塩数升をまぶして二、三日漬け、塩汁（梅酢）ができるのを待って日に

江戸自慢三十六興　梅屋敷漬梅　三代歌川豊国・二代歌川広重画　国立国会図書館蔵

さらす。日暮れになればもとの塩汁に漬け、翌朝とり出しまた日に干す。数日このようにすれば梅は乾き汁気はなくなり、皺《しわ》がよって赤味を帯びるので陶磁の壺の中に保存する。生紫蘇の葉で包んだものは赤くなり珍重される。」作り方は現在と同様ですが、通常は紫蘇《しそ》を用いなかったようです。五十年程後の『黒白精味集《こくびゃくせいみしゅう》』（一七四六）の梅干の作り方も『本朝食鑑』とほぼ同じで、梅一升に塩三合と数量が書かれていますが、紫蘇の葉は使っていません。さらに九十年後の『四季漬物塩嘉言《しおかげん》』（一八三六）になると紫蘇の葉を加えて現在と同じ梅干の漬け方になります。赤い梅干が通常になるのは、十九世紀に入ってからのようです。

〈煎酒《いりざけ》〉煎酒は江戸後期に醤油が普及する以前、室町末頃から使われていた調味料で、白身の魚や貝類の刺身や膾《なます》によくあいます。酒と削り鰹節と梅干が基本材料で、時代によって作り方が多少違います。

『料理物語』の作り方は「煎酒は、かつほ一升に梅干十五、二十入れ古酒二升　水ちと　たまり少入れ　一升に煎《せん》じ　漉しさましてよし。又酒二升　水一升入れ　二升に煎じつかふ人もあり。」古酒は一般に長期間貯蔵して熟成させた酒のことで、新酒より味が濃く香りがよくなり、値段も高かったようです。江戸時代の料理書では、調味料として酒を用いる場合は、多くは古酒を用いています。

煎酒の旨味は鰹節から、塩味と酸味は梅干からなので、試作する場合は昔風の梅干を用い、酒は市販の日本酒で間に合います。作り方の中の「たまり」は醤油で代用できます。保存がききませんが、簡単に出来ておいしい江戸の調味料です。

十二月の内　衣更着　梅見　三代歌川豊国画　嘉永七年（一八五四）　国立国会図書館蔵

行楽の食

花見

〔江戸の花見〕桜の花をめでる花見は、豊臣秀吉の吉野の花見（一五九四）や、醍醐《だいご》の花見（一五九八）なども知られていますが、江戸時代には庶民生活に欠かせない行楽になりました。

江戸の桜の名所は、初めは上野でしたが、八代将軍吉宗が庶民の行楽のために、飛鳥山、品川の御殿山、隅田川堤、小金井堤などに桜を植えて花見の名所にしました。江戸後期になると名所はさらに多くなり、『江戸名所花暦』には、彼岸桜の名所として九ヵ所、桜の名所として十九ヵ所をあげています。

現在の桜の品種の大半は、明治以後に全国に広まった染井吉野《そめいよしの》ですが、江戸時代には多種類の品種があり、開花の時期が一定でないので、花見を楽しむ期間が現在より長かったようです。『江戸名所花暦』には上野の東叡山にある桜の品種として「彼岸・三吉野・水上・山桜・旗桜・楊貴妃・都・浅黄・虎の尾・犬桜」などをあげています。（33頁参照）

〔飛鳥山〕王子の飛鳥山に、享保五、六年（一七二〇・二一）に吉宗は多くの桜の苗木を江戸城内から移植し、苗木の成長と共に上野をしのぐ花見の名所になりました。吉宗は享保十八年（一七三三）には花見客のために十軒の水茶屋（茶店）の設置を許可し、五年後にはさらに水茶屋五十四軒を許可していますから、飛鳥山の人気が高まり、花見客が増えたためと思われます。

『江戸名所図会』には「飛鳥山　数万歩《ふ》（坪）に越えたる芝生の丘山にして、春花秋草夏涼冬雪《しゅんくわしうそうかりょうとうせつ》眺めあるの勝地なり。始め元亨《げんこう》年中（鎌倉後期）豊島左衛門飛鳥祠《あすかのやしろ》を移す。よって飛鳥山の号《な》あり。寛永年中王子権現御造営の時、この山上にある飛鳥祠を遷して、権現の社頭に鎮座なしけり。」とあり、その後吉宗の桜の植樹や水茶屋の許可によって花見の名所となり、現在でも桜の季節には花見客で賑わっています。

〈花見の重詰〉上の絵は飛鳥山の花見の光景で、満開の桜の木の下には各所に花見客が見え、手前の赤い毛氈《もうせん》の上では女性が四人、三味線をひく人もいて賑やかそうです。

右端の女性は徳利を持ち、その下の提手のついた黒い箱は、小さい焜《こん》炉《ろ》を組み入れた酒の燗《かん》をするための道具のようです。その向うに見えるのは酒樽で、『守貞謾稿』には角樽《つのだる》としてこの酒樽と同じ挿絵があり「江戸は五合、一升、二、三升、四、五升ともにこの酒樽を用ふ」とあります。

徳利を持つ女性の手前には急須と茶碗があり、黒い着物の女性の向う側に半分隠れて重箱があり、前には折詰らしいものが置かれています。

花見には弁当が付き物ですが、『料理早指南《りょうりはやしなん》』（一八〇一）には、花見

江戸名所図会　飛鳥山　歌川広重画　弘化（一八四四―四八）頃　味の素食の文化センター蔵

重箱の献立が上中下の三種類記載されています。上の部は

初重《しょじゅう》　かすてら玉子　わたかまぼこ　わか鮎色付焼
詰合《つめあわせ》　むつの子　早竹の子うま煮　早わらび　打ぎんなん
　　長ひじき　春がすみ（寄物）
二重　むしかれい（薄く切て焙炉《ほいろ》にかける）
引肴　桜鯛（骨抜き早ずし）　干《ほし》大根（五ぶつけ結びて帯赤唐辛子）
　　甘露梅《かんろばい》（白砂糖）
三重　ひらめ（刺身）　さより（細《ほそ》作り）　しらがうど　わかめ
　　赤すみそしき
四重　小倉野きんとん　紅梅餅　椿餅　薄皮餅　かるかん
　蒸物
割籠《わりご》　焼飯《やきいい》　よめな　つくし　かや（小口ひたし物）
瓶子《へいじ》　すみ田川中くみ

この上の部の花見重詰はかなり豪華で、富裕層向のものと思われます。
平成二十年の春に歌舞伎座厨房で再現し（小学館の『はなまるげんき』平成二十年三月号に掲載）、私も試食することが出来ましたが、忘れられないおいしさでした。三の重の刺身はいまの常識では意外ですが、江戸時代の人々にはご馳走に刺身は欠かせないものだったようです。また四の重に餅菓子があるのは、下戸には嬉しいことでした。なお、献立の中の「わたかまぼこ」は鮑《あわび》の青わたを入れて作った蒲鉾、「割籠」は中に仕切りのある木製弁当箱です。「焼飯」は焼おにぎりのことで、当時の携帯用おにぎりは大抵軽く焼いていたようです。

（上野東叡山）東叡山は寛永寺の山号で、寛永寺は江戸初期に上野の山に、徳川将軍家の菩提寺として造られました。寛永二年（一六二五）に本堂が完成し、東照宮、清水観音堂、五重塔その他が次々と建立され、境内

江戸紫名所源氏　御殿山花見　歌川広重画　国立国会図書館蔵

江戸自慢三十六興　向嶋堤の花とさくら餅
三代歌川豊国・二代歌川広重画　元治元年（一八六四）　国立国会図書館蔵

は広大でした。慶応四年（一八六八）の彰義隊の戦いでほとんどが焼失し、その跡地が現在の上野公園や国立博物館などになっています。

『江戸名所花暦』には桜の名所の第一に東叡山をあげ「当山は東都第一の花の名所にして、彼岸桜より咲き出でて、一重、八重追々に咲きつづき、弥生の末まで花のたゆることなし。」としています。東叡山の花見は寛永寺境内での花見なので、音曲はご法度、暮六つ（現在の十八時頃）には下山させられるなどの規制がきびしかったので、次第に花見の名所は飛鳥山や隅田川などに移りました。左頁の絵は「東叡山花さかり」とあって、花見の毛氈の上には、角樽《つのだる》、重箱、煙草盆などが見えます。

【御殿山】現在の品川区北品川三丁目にあった桜の名所で、御殿山の地名の由来は『江戸名所図会』によると、慶長・元和の頃にこの地に徳川家の御殿（別荘）があったためで、元禄初めに火災で焼失して地名だけが残りました。寛文年間（一六六一―七三）に千本の桜が植えられ、さらに享保二年（一七一七）に吉宗によって六百本の桜が植えられ、桜の名所になりました。上の「御殿山花見」の絵のように御殿山の眼下には品川の海が広がり、遠くに安房・上総の山々を見ることが出来、下の海岸は潮干狩の好適地でした。しかし嘉永六年（一八五三）の黒船騒ぎの際に、幕府は砲台を設置するお台場を築くために御殿山を崩して海を埋め立て、桜の名所も潮干狩の海岸も失われてしまいました。

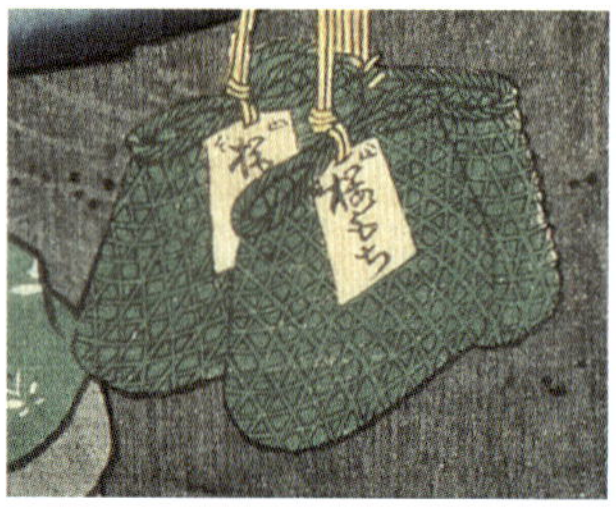

【向嶋《むこうじま》堤】現在は向島と書き、隅田川の西岸の浅草側から見て向こう側であるところからの名といいます。江戸近郊の農村地帯で、隅田川沿いの堤の桜のほか四季の風物に恵まれ、料理屋なども多く、天保（一八三

江戸自慢三十六興　東叡山花さかり　三代歌川豊国・二代歌川広重画　国立国会図書館蔵

〇―一四四）の頃からは特に賑わったようです。

〈桜餅〉向嶋堤に近い長命寺の門番が、桜の落葉の掃除をしながら思いつき、享保二年（一七一七）に長命寺境内に山本屋を創業して、塩漬にした桜の葉の香りをいかした桜餅を売り出したのが始まりで、江戸の名物になりました。桜餅の餡《あん》を包む皮の材料は、粳米粉《うるちごめこ》、葛粉、小麦粉と時代により変化したようですが、現在は小麦粉を水ときして焼鍋で焼いた皮で餡を包み塩漬の桜の葉（江戸時代は二枚、現在は三枚）で巻いています。

30頁の桜餅の絵では、二人の女性が両端を持った棒に籠を二つ提げています。この籠は烏帽子《えぼし》籠という烏帽子形に作られた竹籠で、当時は桜餅を竹の皮に包み、この籠に入れて持ち歩きました。

〈新吉原〉上の絵は、新吉原の春の光景です。吉原は元和四年（一六一八）に幕府公許の遊廓として日本橋葺屋《ふきや》町の辺で営業を始め、明暦三年（一六五七）の「明暦の大火」のあと、浅草寺裏に移転して新吉原とよばれました。『江戸名所花暦』にも新吉原は桜の名所としてあげられていますが、「毎年三月朔日《ついたち》より、大門のうち中《なか》の町通り、左右をよけて中通りへ桜樹千本植える。常には、これ往来の地なり」とあり、毎年花の咲く時期だけ移植された桜でした。

満開の桜の下、中央に花魁《おいらん》のいるこの絵は、歌舞伎の「助六由縁江戸桜《すけろくゆかりのえどざくら》」や「籠釣瓶花街酔醒《かごつるべさとのえいざめ》」の、桜の美しい舞台を連想させます。

絵の左端には赤い台を担いだ台屋のはこび（配達人）がいます。

〈台の物〉台屋《だいや》は台の物屋ともいい、江戸の吉原をはじめ遊廓専門の仕出し屋のことで、台の物は大きな台に皿や鉢に盛った料理をのせたもので、台屋のはこびが運びました。『守貞謾稿』には台の物の値段について、一分《ぶ》（約二万三千円）のものは一分台または大台《おおだい》、二朱（約一万二千円）

吾妻源氏雪月花の内　花　三代歌川豊国画　嘉永七年（一八五四）　国立国会図書館蔵

のものは二朱台とよんで客に売るが、これは遊女屋が台屋に払う値段の約二倍に当たると記しています。一分台の料理は刺身、煮物、硯蓋（口取り）、焼物の四種、二朱台は煮物と酢の物の二種が普通だったようです。

台の物は高価な割に味がよくないので、遊廓の外からの仕出し料理も利用され、そのほか遊廓の中には、うどん屋、そば屋、うなぎ屋もあり、茹玉子やすしの行商もありました。なお遊女たちの食事は一日二食で、粗末なものだったようです。台の物の残りは遊女たちが食べたりもし、翌朝の五つ時（午前八時頃）頃には台屋が食器や台の回収にまわったといいます。

上野東叡山の桜の品種『江戸名所花暦』

潮干狩

〈潮干狩の名所〉

『東都歳事記』には、汐干狩は三月から四月（現在の四月から五月頃）がよいとして「芝浦・高輪・品川沖・佃島沖・深川洲崎・中川の沖、早旦（朝）より船に乗じてはるかの沖に至る。卯の刻（午前六時頃）過より引始て、午の半刻（正午頃）には海底陸地と変ず。ここにおりたちて蛎蛤を拾ひ、砂中にひらめをふみ、引残りたる浅汐に小魚を得て宴を催せり」とあります。

下の右側の絵は洲崎、左側の三枚続きの絵は品川沖の潮干狩の光景ですが、現在のように砂浜を掘るのではなく水の中に立っていますし、籠の中を見ると随分沢山とれています。

明治三十五年（一九〇二）刊の『東京風俗志』下巻には潮干狩について「陰暦三月三日前後を以て最好の期とす。洲崎・芝浦・台場沖の辺は、海潮遠く退けば、一面の砂地となりて徒歩すべし。これに遊ぶものは、満潮に乗じて船を寄せ、干潮を待ちて下り、砂中を探りて貝を拾うもあれば、蟹を追うもあり。貝は蜆《しじみ》・文蛤《はまぐり》・馬鹿（馬鹿貝）・蛤蜊《あさり》等なり。」とあり、明治後期の潮干狩も、船に乗って沖に出て、干潮を待って貝をとっています。現在は海岸は埋め立てられて遠浅の海はなくなり、潮干狩も様変《さまがわ》りしたようです。

〈食用貝の種類〉『料理物語』には食材として次のような貝があげられています。「蚫《あわび》・辛螺《にし》・栄螺《さざい》・つべた・よなき・みるくひ（みる貝）・たいらぎ（平《たいら》貝《がい》）・赤貝・鳥《とり》貝・ほたて貝・蛎《かき》・蛤《はまぐり》・あさり・ばい（ばい貝）・馬蛤《まて》（馬刀《まて》貝）・田螺《たにし》・からす貝・いの貝（貽貝《いがい》）・蜆《しじみ》」。『和漢三才図会』（一七一二）にあげられた食用貝も、ほぼこれと同じですが、馬鹿蛤《ばかがい》も記載されており、

東都三十六景　洲ざき汐干狩　歌川広重画　国立国会図書館蔵

身は食べるに値しないが柱は甘美なのでとって食べるとしています。

〔むきみ〕「むきみは蛤、あさり、ばか、さるぼう等の貝殻を去りたるをいふ」と『守貞謾稿』では定義しています。また、貝殻をとらないものを、から蛤、からあさりということ、江戸では蛤以下の諸貝を、総称して貝《かい》蔬《そ》というと記しています。馬鹿貝は身は食べるに値しないとありましたが、むき身にすると青柳《あおやぎ》とよばれて流通し、柱は小柱《こばしら》として用いられています。さるぼうも江戸時代食用とされていますが、赤貝と似て味は劣るとあります。

江戸では早朝に豆腐屋と同様にむき身売りの行商が町をまわり、庶民に親しい食材だったようです。十返舎一九の『東海道中膝栗毛』の弥次郎兵衛と北八は、旅に出る前は神田八丁堀の裏長屋に住み「其日ぐらしに春米《つきごめ》の当座買、たゝき納豆、あさりのむきみ、居ながら呼び込んで喰《くつ》てしまへば、びた銭壱文も残らぬ身代」とあります。また別の日の夕食は、ご飯とむき身のから汁（むきみとおからを入れた味噌汁）だけでした。

〔あさりの謎〕『和漢三才図会』には「あさりは各地どこにでもいるが、摂州《せっつ》・泉州《いずみ》・播州《はりま》には稀にしかいない」とあり、この三国は現在の大阪府と兵庫県にあたります。幕末の大坂の風俗を記した『浪華《なにわ》の風』には「あさり、ばかのむき身などいうもの絶てなし」とあり、『守貞謾稿』にも、京坂には「蛤はこれあり、あさり、ばか、さるぼうこれなし」とあります。

大阪文化財協会が行った大坂城下町跡の発掘調査によると（調査報告書Ⅱ平成十六年）江戸初期から十八世紀前半までの出土貝類は五十二種類で、最も多いのは蛤、次が蜆《しじみ》で、あさりはごく稀《まれ》にしか出土していません。また明治中期の大阪府漁獲高統計にもあさりは見られず、記録されない量であったらしいとあります。

江戸名所　品川沖汐干狩の図
歌川重宣（二代歌川広重）画　嘉永五年（一八五二）　国立国会図書館蔵

行楽の食

花火

〔両国の川開き〕『東都歳事記』には、五月二十八日に「両国橋の夕涼今日より始り、八月二十八日に終る。ならびに茶屋、見せ物、夜店の始にして、今夜より花火をともす。逐夜《まいや》貴賤群集す。」とあります。両国の川開きは享保十八年（一七三三）五月二十八日に、悪霊退散を祈って行われたのが最初で毎年行われ、花火見物と夕涼みの群集で賑わいました。下の「江戸両国すずみの図」の両国橋にはあふれるような大勢の人々、隅田川にも沢山の船が出て、川岸も茶店などが並んで大賑わいです。

両国橋は、明暦三年（一六五七）の大火後の万治二年（一六五九）に隅田川に架けられ、川が武蔵国と下総国の境界であったので両国橋とよ

江戸両国すずみの図
（五枚続のうち三枚）
初代歌川豊国画
文化年間
（一八〇四—一八一八）
国立国会図書館蔵

當世若三人　三代歌川豊国画　安政三年（一八五六）　国立国会図書館蔵

ばれるようになりました。橋の両岸には、火除けのための広小路が設けられ、とくに西岸の両国広小路には、見世物小屋、芝居小屋、茶屋などがあり、大道芸や物売りなども多く、江戸随一の盛り場でした。

【當世若三人】 上の「當世若三人」の絵は、安政二年（一八五五）の江戸大地震の翌年に出版された錦絵ですが、地震のことなど忘れて見とれてしまいます。場所は花火のよく見える隅田川べりの料亭らしく、絵に登場させた三人は若手の人気役者です。石橋先生に教えていただいたところでは、右から三代目岩井粂三郎（のちの八代目半四郎）、五代目坂東彦三郎、初代中村福助（のちの四代目芝翫）です。役者の名は似顔でわかるそうですし、さらに粂三郎は衣裳やうちわに家紋のかきつばたの花があり、「井○井《いわい》」（岩井）の模様も付けています。福助は、やはり家紋の「ふくら雀」の柄の浴衣を着ています。彦三郎はこの年（安政三年）の三月に竹三郎から彦三郎を襲名したばかりなので中央に配置したようです。

表題の「若三人」というのは「和歌三神」をもじったもので、和歌の神様とされる住吉明神、玉津島明神、柿本《かきのもと》人麻呂に、若手の役者三人を見立てた趣好ということです。

絵の左手前には徳利と酒肴があり、左側に大皿のすだれに盛った刺身、その右に煮物らしい深鉢と重箱があります。少し離れた右側にある大きな深鉢は、酒宴の席で盃をすすぐために水を入れておく盃洗《はいせん》のようです。

【花火】 花火の技術は室町時代の末頃にはあったようですが、観賞用の花火が普及したのは江戸時代に入ってからです。

現在も人気のある隅田川の花火は万治年間（一六五八―六一）に始まったといわれ、初めは手に持って打ち上げる簡単なものでしたが、享保十八年（一七三三）五月二十八日の川開きの夜に、鍵屋によって初めて本

格的な花火が打ち上げられました。花火の音と光で悪霊退散をはかる意味があったといわれています。江戸の花火師の祖は鍵屋初代の弥兵衛で、文化七年（一八一〇）に鍵屋から玉屋が分かれ、両国の川開きの花火は、天保十四年（一八四三）に、玉屋が出火の罪で絶家となるまで両家で担当したので、「玉屋鍵屋」の掛声が生まれました。

『守貞謾稿』には、「五月二十八日　浅草川（隅田川）川開き」の中に「今夜大花火ありて、後、納涼中、両三回また大花火あり。その費は、江戸中、船宿《ふなやど》および両国辺茶店・食店よりこれを募るなり。納涼は専ら屋根舟に乗じ、浅草川を逍遥し、また両国橋下につなぎ涼むを、橋間にすゞむといふ。大花火なき夜は、遊客の需《もとめ》に応じて、金一分以上これを焚く。」とあります。このように納涼期間中に大花火は二、三回で、その費用は船宿や両国辺の茶店や飲食店が出し、大花火のない夜は涼み船の客が金一分（現在の約二万三千円）程を出して花火を上げさせていました。涼み船の多いところへは、花火船という花火の打ち上げを商売にする船が来ており、客は花火を買って自分でも上げ、花火船に命じて上げさせたりしていました。

【涼み船】上の絵には女性のいる二艘の屋根船と、手前に一艘の屋根だけが描かれ、左手には遠く大勢の人で賑わう両国橋が見え、隅田川には多数の屋根船が浮かんでいます。中央の遠景に見える提灯を沢山つるした大きな船は屋形船のようです。屋根船は日除船《ひよけ》とも

夕すずみ　三代歌川豊国画　国立国会図書館蔵

よび、四本柱に低い屋根のある小さい船で、屋根の下の胴の間を客間として、左右に竹すだれを下げ、武家の場合は障子を立てるものでした。屋形船は、屋根のある大形の船で、おもに川や海辺での遊覧に用いる船をいいます。

『江戸名所花暦』には納涼《すずみ》の名所の第一に両国橋をあげ、涼み船について次のように記しています。「また五月二十八日よりは夜みせもことににぎはしくて、遊船もこれより次第に多くなれり。さて炎暑をしのがんとする輩《ともがら》は、この川上と川下に船をうかべ、あるいは橋の下に日をさけむため、船を繋ぎて思ひ思ひに遊興す。三味線・小唄はいふもさらなり、楼船《やかたぶね》には踊りを催ほし、玉屋・鍵屋の花火は空をこがすばかりにて、壮観いふべくもあらず。酒うる船、肴うる船、菓《くだもの》うる船は、酒肴の尽きたらんとおもふ船のあたりを漕ぎあるき、また風流の遊客は、隅田川の上のかたにふねをのぼせ、しょう・ひちりきなどを吹きすさみてなぐさむもあり。あるひは碁・将棊《しょうぎ》に日を暮らすもあり。」

両国橋付近は、吹き上げてくる川風で涼しかったといいますが、夕涼みだけではなく、涼み船で日を暮らす人もいたようです。

〈涼み船の酒肴〉右側の船の二人の女性の間には、徳利や料理が置かれています。中央にあるのは刺身、手前にあるのは煮物のようです。刺身は大皿の上のガラスのすだれに盛ってあり、つま（添え物）の山形に置いた大根おろしも見えます。「當世若三人」の絵の刺身の盛り方も同じですが、『守貞謾稿』に、「夏は血水底に溜まる故に、江戸にては、葭簀《よしず》あるひは硝子簾《がらすすだれ》を敷きて、その上に魥《さしみ》を盛る」とありますから、当時の一般的な盛り方と思われます。

行楽の食

月見

（月見の名所）『江戸名所花暦』は月見の名所として、三派《みつまた》、浅草川、武蔵野、玉川、品川をあげています。三派は日本橋箱崎町の隅田川が三派に分流するあたりで、船で名月を楽しみました。浅草川は隅田川の大川橋（吾妻橋）より下流の金竜山の麓をいい「清明の夜は月の輝《ひかり》 滔々《とうとう》たる水に浸りて、あたかも金竜のうかぶに似たり」とあります。武蔵野は「江府（江戸）の西北五、六里ばかり、秩父山の方なり。文人墨客、旅心に出で立ちて、一夜の草まくらに月を詠《なが》む」とあり、当時の武蔵野は、はてしもなく広かったようです。玉川は多摩川で、中流の分倍河原《ぶばいがわら》が月見の場所でした。品川は「この地は高輪の辺《ほと》りよりしてすべて海上の見晴らしなれば、月の出はいつにてもよし」とあり、上の絵はその高輪の月見を描いたものです。

高輪は現在の田町と品川の間にあり、後ろには三田の丘が連なり、前には品川の海が開けて景勝の地でした。また東海道を往来する旅人が江戸へ出入りする門戸として高輪大木戸があり、付近には茶店が並び、送迎や遊覧の人々で賑わっていました。

（月見の供え物） 月見の風習は平安時代に中国から伝わって、宮廷では月見の宴が行われましたが、月の供え物をする庶民の月見は江戸時代からといわれています。また、稲作が伝わる以前の日本人の主食は里芋で、里芋の収穫祭が満月の十五夜に行われたのが、月見の始まりともいわれています。

江戸時代には八月十五日の十五夜の月を見たら、九月十三日の十三夜の月も必ず見るもので、片見月はしない風習がありました。十五夜には里芋を供えるので芋名月、十三夜は枝豆を供えるので豆名月とよばれていました。

江戸仲秋日　供物図『守貞謾稿』

東都名所遊観　葉月高輪　香蝶楼豊国（三代歌川豊国）画　国立国会図書館蔵

『守貞謾稿』には月見の供え物について「三都ともに、今夜月に団子を供す。しかれども、京坂と江戸と大同小異あり。江戸にては図（右頁の図）のごとく、机上中央に三方《さんぼう》に団子数々を盛り、また花瓶に必ず芒《すすき》をさしてこれを供す。」とし、京坂では団子の形が丸でなく先をとがらし、豆粉《きなこ》（黄粉）に砂糖を加えたものを衣《ころも》にし、醤油煮の小芋と共に三方に盛り、数は各十二個、閏月《うるうづき》のある年は十三個を盛り、芒や花は供えないとしています。『東都歳事記』には月見の供物は「団子・造酒《みき》・す丶きの花」とあります。『馬琴日記』の天保五年（一八三四）八月十五日には「白米一升二合の粉で月見赤豆《あづき》団子を作り、衣《きぬ》かづき芋（皮のまま茹でた里芋）や枝豆を例年のように月の供え、家内一同で祝食」とあります。少ない例ですが、供え物には団子だけと団子と芋の両方の場合が見られます。

文化十年（一八一三）頃の『風俗問状答』には問状に「月見の事、芋、団子を備ふること通例、此外に何ぞことなる供物食品も候や。」とあり、十一の答書のうち「芋と団子」が六、「芋」が三、「団子」が二（他の供物は省略）となっています。文化年間でも芋と団子が多く、幕末には団子だけが多くなったようです。

〈蛤《はまぐり》〉上の絵の左側の女性は、すすきの束と、蛤らしい貝をざるに入れて売りに来たようです。月見と蛤の関係を調べてみると、本山荻舟著『飲食事典』（一九五八）に次のようにありました。「昔は三月三日の雛の節供を境として、仲秋の八月十五夜までは蛤を食わないならいであった。（中略）一夏を過して親貝は体力を回復し、稚貝もようやく成長するのが秋冬期で、まず仲秋の観月宴に吸物として供するのが、シーズンのはじめであった。」

餅つきのところ（24頁）でも引用した日本橋の鰹節商「にんべん」の

高津家に伝わる『家内年中行事』を見ると、文化十二年（一八一五）八月十五日の月見には、供え物として団子・ぶどう・枝豆・梨子・柿・もみ大根の七品があり、夕飯には蛤《はまぐり》三斗位とあります。嘉永六年（一八五三）の八月十五日にも夕飯に蛤三斗二升位とありますから、江戸時代には月見には蛤の吸物の風習があったようです。

〈月見の図〉 上の絵には「役者十二つき　八月十二だん　月見の図」とあり、人物はすべて役者に見立ててあります。素人目にはわかりませんが、専門家のご教示によると、右端の胡弓が四代目瀬川菊之丞、琴が三代目坂東三津五郎、煙管《きせる》を持つ初代尾上栄三郎（のちの三代目尾上菊五郎）、三味線が五代目岩井半四郎、その後が初代市川男女蔵、手前の黒羽織が初代澤村源之助（のちの四代目澤村宗十郎）です。また、月見の絵は『浄瑠璃物語《じょうるり》』（十二段草子）の矢作《やはぎ》の長者の館で、浄瑠璃姫が琴をひき、侍女たちが雅楽で合奏するところを、江戸時代の三曲合奏に見立て、木戸の外では牛若丸が琴の音に惹かれて立ち寄り、自分は笛を吹いて琴の演奏に合わせるところを、町人の美人に見立ててあります。原作では笛の音に心惹かれた浄瑠璃姫が、侍女に命じて何度も牛若丸を招じ入れに行かせるところを、立役姿の源之助に手燭《てしょく》を持たせ木戸口まで行かせるなど、原作を知って見ると興の深まる絵ということです。なお、室町時代に始まり江戸時代に完成した、三味線を伴奏音楽とする語り物を総称して「浄瑠璃」とよぶのは、「浄瑠璃物語」が人気を博し、その曲節が他の物語にも用いられたことからといわれています。

三十六ばんつゞき　役者十二つき　八月十二だん　月見の図
初代歌川豊国画　文化六年（一八〇九）国立国会図書館蔵

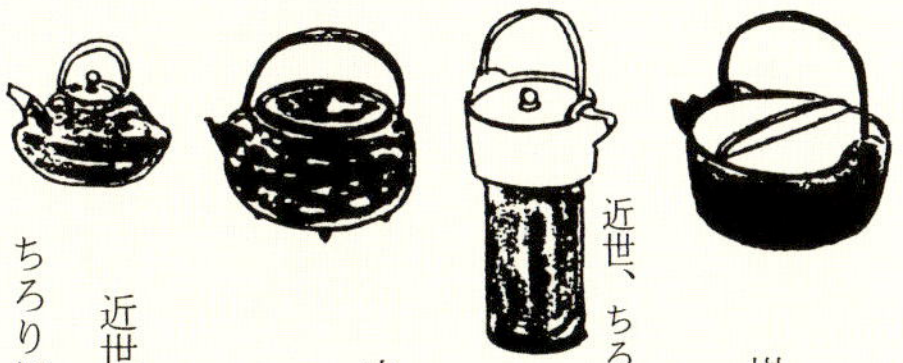

中古までは酒の燗にこの燗鍋を用ふ。銅製にて火上に掛け、燗《あた》めしなり。

近世、ちろりにて湯燗にせしなり　ちろり　銅製。京坂にてたんぽとも云ふ。

中古の銚子　鉄大形なり。また蓋も大なり。

近世銚子　専ら小形なり。ちろりにて燗め、これに移すなり。

燗徳利

酒器『守貞謾稿』

絵の中では、胡弓・琴・三味線の三曲合奏を楽しんでいますが、幕末頃から胡弓の代りに尺八が用いられるようになりました。

右上の屏風の前には料理をのせた膳があり銚子もあって酒宴の準備が整っています。料理は大鉢に盛られていて、取り分け用の小皿と箸も見えます。膳の手前の赤い器は酒を注ぐ銚子のようです。上の『守貞謾稿』の酒器の図の中の「中古の銚子」に形は似ています。ここでいう中古は少し古い時代の意味で江戸中期頃を、近世は江戸後期ごろを指しているものと考えられます。

〈酒器〉『守貞謾稿』には酒器について次のように書かれています。「江戸、近年、式正にのみ銚子を用ひ、略には燗徳利を用ふ。燗《あたた》めそのまま宴席に出すを専らとす。この陶形、近年の製にて、口を大にし、大徳利口より移しやすきに備ふ。銅鉄器を用ひざる故に味美なり。また移さざる故に冷へず。式正にも、初めの間、銚子を用ひ、一順あるひは三献等の後は専ら徳利を用ふ。」

燗徳利《かんとくり》は文政年間（一八一八―三〇）に始まり、急速に広まりましたが、その理由の一つとして、瀬戸の新製磁器（瀬戸物）が文政の少し前に完成したこともあるようです。

〈萩〉月見の図には萩が美しく描かれていますが、萩は江戸の人々に好まれて、寺院や神社には境内に萩を植えた所が多かったようです。『江戸名所花暦』には萩の名所として亀戸の慈雲山竜眼寺《りょうがんじ》と、浅草人丸明神境内をあげています。萩は万葉の時代から日本人に愛され、秋の七草も山上憶良《やまのうえのおくら》の歌に始まるもので「ハギ・オバナ（ススキ）・クズ・ナデシコ・オミナエシ・フジバカマ・キキョウ」と萩は筆頭にあげられています。

行楽の食

雪見

〔江戸の冬〕　現在は世界的な温暖化が問題になっていますが、西暦一三〇〇年頃から一八五〇年頃までは世界的に気温が低く、小氷期（小氷河時代）とよばれています。日本ではとくに江戸時代後半が寒冷の気候だったようです。この期間の冬でも、時には暖冬の年もありましたが、多くは酷寒多雪で、江戸では安永二年（一七七三）、安永四年、文化五年、文化九年（一八一二）の冬に、隅田川が氷結した記録があります。文化五年（一八〇八）の一月九日、十日には五十年来の大雪が降り二尺（約六十センチ）以上もつもり、文化六、七年の冬も大雪で凍死者も出たということです。

〔雪見の名所〕『江戸名所花暦』には雪見の名所として、愛宕山《あたごさん》・高輪・長命寺・牛御前《うしのごぜん》王子権現の社・三囲《みめぐり》稲荷社・待乳《まっち》山・市ヶ谷八幡宮・忍が岡・東叡山寛永寺などをあげています。それぞれの名所の雪景色についても書かれており、桜餅で有名な長命寺では「境内に芭蕉の碑あり。この辺りにたたずみて左右をかへり見れば、雪の景色いはんかたなし。」として「いざゆかむ雪見にころぶところまで」の芭蕉の句を記しています。

下右の「雪見八景」の絵は、隅田川に浮かぶ屋根船で、こたつで暖まりながら酒を楽しむ女性がいる雪見船、雪見酒の光景です。こたつの上の杯は現在のワイングラスと同じようです。ガラスの技法は江戸初期に長崎に伝えられ、明和（一七六四―七二）の頃には江戸にも伝わり、ギヤマンの名で切子ガラスやガラス器が作られていましたから、この杯もガラス製でしょうか。

下左の絵には、中央に商家の主婦と、その下駄についた雪を落としている丁稚《でっち》、左側には焼芋屋があり、芋を焼くかまどの火が雪景色の中で暖

雪見八景　晴嵐　初代歌川豊国画　国立国会図書館蔵

かく感じられます。背景には対岸の景色も見え、場所は橋のたもとです。

〔さつま芋〕 さつま芋は、江戸初期に中国から琉球へ伝えられ、琉球産のさつま芋が薩摩《さつま》へ伝わりました。享保二十年（一七三五）に幕府は薩摩から種芋を取り寄せて青木昆陽に試作を命じ、それが成功して全国に普及しました。伝来の経路から、江戸時代には琉球芋とも薩摩芋ともよばれました。

江戸に焼芋屋が出来たのは寛政五年（一七九三）冬といわれています。『守貞謾稿』には「蒸芋売り」と題して焼芋についてもおよそ次のように記しています。「京坂では、蒸芋を売る店は僅かで、売り歩く行商人が、「ほつこり〳〵」の売り詞で売つている。江戸では蒸芋もあるが多くは焼芋で、売る店は少なく、番小屋でも売つていて値段は京坂より安い。江戸には蒸芋や焼芋を売り歩く者はほとんどいない。京坂にも焼芋店はあるが、多くは路傍に小さい店を出して売つており、行燈に「○やき」とあるのは全薯焼《まるやきいも》の謎で、「八里半」とあるのは栗（九里）の美味に近い謎である。江戸でも同様に書いている。」番小屋とあるのは町内の警備のため、町境に設けられた木戸の番人のいる小屋で、番人は給料が少ないので、副業として駄菓子や蠟燭《ろうそく》、冬は焼芋などを売っていました。

『甘藷《いも》百珍《ひゃくちん》』 寛政元年（一七八九）に刊行された料理書で、一二三種のさつま芋料理を、奇品、尋常品、妙品、絶品に分けて作り方を記しています。その中に焼芋の作り方があり、「完《まる》にてわらの熱灰《あつばい》にうづみてよし。近年焼いもの新方世《しんほう》におこなわる。味わいうづみ焼に及ばず」とあります。下の絵の焼芋屋には、かまどに木蓋をした平鍋がのせてあるので、うづみ焼ではない新方のようです。

小春十二月の内　初雪　焼芋屋　三代歌川豊国画　虎屋文庫蔵

芝居の食

芝居町

〔江戸の芝居町〕江戸時代には歌舞伎の劇場を芝居小屋とよび、芝居小屋があり、その関係者が住む町を芝居町とよびました。芝居町は防火や取締りのため、地域を限って幕府から許可されていました。江戸で最初の芝居町は、寛永元年（一六二四）に京都から下った猿若勘三郎の猿若座（のちの中村座）が興行をした中橋周辺といわれています。

寛永十一年（一六三四）には禰宜《ねぎ》町と堺町の間で村山座（のちの市村座）が興行を始め、両座とも何度か移転を命じられて後、慶安四年（一六五一）以降、堺町に中村座、葺屋《ふきや》町に市村座を中心とする芝居町が出来、地つづきなのでまとめて「二丁町」とよばれ、天保の末に浅草へ移転するまで二百年近く、芝居町として繁栄しました。

また木挽《こびき》町には山村長太夫が寛永十九年（一六四二）に起こした小芝居が、寛文中期から大芝居の山村座となり、万治三年（一六六〇）には同じ木挽町に森田座が出来ました。

芝居小屋には官許の櫓《やぐら》をあげた大芝居と、寺社地境内や盛り場での興行を許された、櫓を上げることや引き幕を使うことの出来ない小芝居（宮地芝居）とがありました。元禄の頃までは、中村・市村・山村・森田の四座が大芝居でしたが、正徳四年（一七一四）の江島生島事件で山村座が取りつぶされ、残る三座が江戸の大芝居で、江戸三座とよばれました。天保十三年（一八四二）と十四年に、幕府は天保の改革の一環として江戸三座を浅草聖天町に強制移転させ、地名を猿若町に改め、以後江戸の芝居町は猿若町（現在の台東区浅草六丁目の辺）になりました。

上の絵に「猿若町三芝居」とあるのは、猿若町へ移転してからの芝居町の光景で、右側の屋根の上に櫓をあげているのは市村座で、ほかに中村座と森田座の絵もあります。

〔芝居茶屋〕上の絵の市村座の左に見える建物は芝居茶屋です。茶屋の二階から見下ろす庇《ひさし》の上には作り物が飾られ、左から、三番叟《さんばそう》・宝船・暫《しばらく》の人形のようです。（左頁下拡大図）この飾り物は十一月（旧暦）の顔見世月だけのものですから、この絵は十一月の芝居町です。『戯場訓《しばいきん》蒙図彙《もうずい》』（一八〇三）には十一月一日の前日に「この日より初めて南側茶屋の屋根に思ひ思ひの作り物に花を飾る。贔屓《ひいき》連より引幕・幟《のぼり》・酒・蒸籠《せいろう》・米・炭・醤油に至るまで、山のごとく積み上げて、贔屓の手打ちは家々に賑わしく、なかなか筆に及びがたし」とあります。絵の中の茶屋の店先の積物は蒸籠と米俵でしょうか。蒸籠の中身は饅頭で、市村座出入りの饅頭屋虎屋が、市村座の特別興行には蒸籠を積むのが慣例でした。

江戸時代の芝居茶屋は、芝居小屋の周囲にあって、観客のために木戸札（入場券）を予約したり、飲食の世話をするところでした。芝居茶屋は、初めは茶を出す程度の掛茶屋《かけぢゃや》(小屋がけの粗末な茶屋)でしたが、次第に立派なものになり、明和年間（一七六四―七二）になると、中村座には大茶屋《おおぢゃや》が十六軒と小茶屋《こぢゃや》が十五軒、市村座には大茶屋十軒と小茶屋十五軒、森田座には大茶屋七軒があって繁盛したといいます。当時の茶屋には等級があって大茶屋、小茶屋、水茶屋《みずぢゃや》の区別がありました。大茶屋は表茶屋とよび、天保の改革で芝居町が猿若町に移った頃からは、一流の料理屋の格式を持つようになり、富裕な人々に利用されました。小茶屋の中には芝居小屋の裏手にある裏茶屋もあり、水茶屋は主として場内の飲食物を扱うところでした。

東都繁栄の図　猿若町三芝居
歌川広重画　嘉永七年（一八五四）
国立国会図書館蔵

芝居小屋

【中村座の内部】 この絵は六枚続きの「中村座内外の図」の内の図の三枚で、中村座の内部が詳細にわかります。文化十四年（一八一七）の初代豊国の絵ですから、中村座は堺町にありました。

舞台は正月興行の「曾我対面《そがのたいめん》」で、花道には、曾我五郎（七代目市川団十郎）、右側に曾我十郎（三代目尾上菊五郎）がいます。正面の舞台には工藤祐経《すけつね》（五代目松本幸四郎）、大磯の虎（五代目岩井半四郎）、朝比奈三郎（三代目坂東三津五郎）がいて芝居は進行しています。開演中にもかかわらず拡大図を見ると後向きの人や食べている人など様々で、

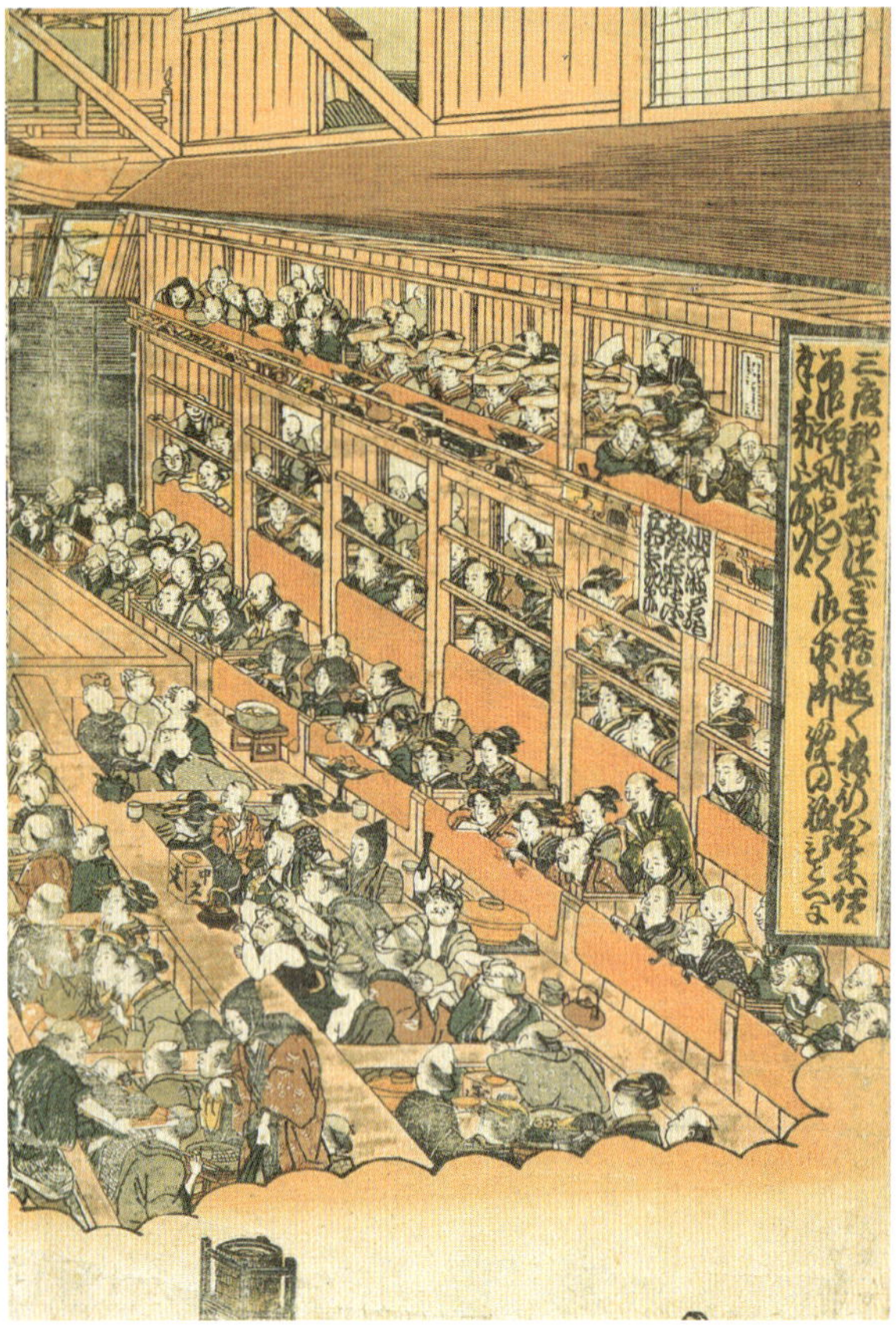

現在の歌舞伎の観客とは大違いです。演劇関係の資料を調べてみると、明治四十四年（一九一一）に東京に開場した帝国劇場が、食堂や休憩室を設けて芝居茶屋をなくし、全館椅子席にして場内での飲食を禁止したことが、江戸時代から続いた観劇習慣を大きく変化させたようです。地方による違いはありますが、東京では大正末頃には芝居茶屋はなくなったようです。

【江戸の芝居見物】 江戸での芝居興行は、明け六つ（午前六時頃）から暮七つ半（午後五時頃）までが原則で、芝居見物は一日がかりの楽しみでした。見物客には芝居茶屋を通して入る上級の客と、木戸から入る一般客があり、上級客の見物席は桟敷《さじき》で、一般客は土間でした。上の絵のように、舞台に向って左右に桟敷があり、右側が東、左側が西で、それぞれ二層式で上桟敷と下桟敷があります。下桟敷は前面に二、三本の横木があって、形が鶉籠《うずらかご》に似ているところから鶉と

中村座内外の図（六枚のうちの内の図三枚）
初代歌川豊国画　文化十四年（一八一七）　味の素食の文化センター蔵

よばれました。舞台前方の低い所が土間で、鶉の前の土間より一段高い所は高土間とよばれていました。舞台の下手（向って左）の奥の見物席は「羅漢台《らかんだい》」とよび、芝居を後方から見るので入場料が最も安い場所でした。羅漢台の真上にも観客が見えますが、この席も「吉野」とよばれる安い席でした。

〈上級客の芝居見物〉『名ごりの夢』（東洋文庫）は、幕末の奥医師で蘭方医であった桂川甫周の二女今泉みね（一八五五―一九三七）の昔語りを記録したもので、その中の「あのころの芝居見物」は、芝居見物の楽しみをよく伝えています。芝居に行く前夜は楽しみでほとんど眠れず、七つ時（午前四時頃）から起きて支度を始め屋根船で浅草へ出かけます。（桂川邸は築地にあり隅田川に面していた）「船つき場へはちゃんときまった茶屋からの出迎えがありますが、手に手に屋号の紋入りの提灯を持って、「ごきげんよう、いらっしゃいませ」といかにも鄭寧に、手を添えて船から上げてくれます。芝や町は猿若町といって、なんでも一丁目二丁目三丁目と小屋もそれぞれにあり、三芝居といったものです。いっしょにあくこともありますが、たいてい狂言は別々で、こちらで忠臣蔵だとあちらはお染久松といった具合でした。通りの両側にのれんをかけたお茶屋がずっと並んでおりますが、ぶらさがった提灯の灯のきれいさ。築地から船にのり船を上り、この町を行くあたりのたのしさと申しましたらもう足も地につかないほどでした。」

〈一般客の芝居見物〉芝居茶屋を通さず、木戸から入る土間の一般客は「かべす」の客と呼ばれました。見物席で、菓子・弁当・すしを食べるのが通例だったので、その頭文字をとった「かべす」です。朝早くから夕方まで芝居小屋にいるので、弁当を食べても、すしが必要だったようです。現在の幕の内弁当は、この昼食の弁当が始まりでした。（116頁参照）

芝居の食

芝居茶屋

〔芝居茶屋の光景〕 この絵では右端の客は柳亭種彦の『偽紫田舎源氏』の光氏《みつうじ》として描かれ、軒端の提灯には源氏香の図が見えます。手すりの向うに飾り物の人形の後姿が見え、常磐津節の舞踊劇「積恋雪関扉《つもるこいゆきのせきのと》」の人形で、左から宗貞、小町桜の精の墨染、関守の関兵衛のようです。芝居茶屋の屋根の上の飾り物は顔見世月のものですから、この絵は十一月の光景です。

客は爪楊枝を使っていますから食事は終わったようで、膳の上には煮物らしい深鉢と、鯛の頭と尾が見えます。天明五年（一七八五）刊の『鯛百珍料理秘密箱』には、鯛の料理法が百二種記されており、紅焼鯛《べにやき》や生《いけ》造鯛《づくり》の名も見えますからこの鯛はそのようなものでしょうか。芝居茶屋で出していた料理については『宴遊《えんゆう》日記別録』という貴重な史料があります。

〔『宴遊日記別録』〕 安永から天明にかけて、芝居町が葺《ふき》屋《や》町、堺町にあった頃、芝居好きの隠居した大名が書いた日記で、その中に芝居茶屋の食事の記録があります。

日記の著者は柳沢信鴻《のぶとき》、五代将軍綱吉の側用人として知られた柳沢吉保の孫で、大和郡山藩の二代藩主でしたが、五十歳で隠居した安永二年（一七七三）から、六十二歳で剃髪した天明五年（一七八五）までの十三年間に書いた日記が『宴遊日記』で十三巻二十六冊あります。この十三年間に芝居小屋で観劇した百十九日の日記が三巻三冊の『宴遊日記別録』です。別録の中で芝居茶屋の食事の記録は四十九日で巻一に記されています。

信鴻は隠居してから江戸幸橋《さいわいばし》の上屋敷から駒込染井の下屋敷（現在の六義園）に移り、俳諧、書画、観劇などの趣味の生活を送っていました。芝居見物にはたびたび出かけていますが、大抵徒歩の往復で、現在の六義園から人形町あたりまで随分遠いように思いますが、芝居見物の楽しさは大きく、往復の徒歩は苦にならなかったようです。

日記の内容はおよそ決まっていて、天候・出発の時刻・供の人々の名・芝居小屋への道筋・芝居茶屋で見物席を決めること・芝居の演目と幕数・配役・芝居の概略と批評・打ち出し時刻・帰途の道筋と帰着時刻・芝居茶屋の食事や桟敷《さじき》での食べ物の事などです。

當世四季の詠　冬の部　三代歌川豊国画　安政四年（一八五七）　国立国会図書館蔵

百十九回の観劇の内訳は、中村座に四十四回、市村座に三十八回、森田座に三十四回、その他が三回です。芝居茶屋は中村座と市村座の時は松屋か永楽屋、森田座の時は猿屋と決めていたようです。

〈食事の内容〉食事記録のある四十九日の食事回数は朝餉《あさげ》三、夕餉（昼食）四十六、夜餉（夕食）四十三回で合計九十二回です。現在の時刻にすると出発は早い日で午前四時頃、遅い日で午前十時頃なので朝食を芝居茶屋でとることは稀《まれ》で、おもに昼食と夕食です。

献立は、汁・煮物・焼物・漬物が基本的で、時に膾《なます》や和物《あえもの》などが加わります。なお主食は当然つくためか無記入が多く見られます。

主食は茶飯（茶汁で炊いた飯）十二回、茶漬六回、菜飯一回、そば十四回、ぶっかけ（かけそば）三回で、無記入の五十六回は当時尋常飯《じんじょうめし》とよばれた白飯と考えられます。

汁の実は豆腐が二十三回で青菜などを取り合わせ、魚の摺り身を用いたつみ入れが十一回あります。汁は多くは味噌仕立、時には醤油仕立と思われます。煮物はほぼ毎回の食事にあり、材料の種類も多く献立の中心になっています。材料として多いのは肉で、三十五の煮物に使われています。鴨肉は別にあるので獣肉と考えられますが、何の肉でしょうか。卵も卵とじの形で煮物によく使われています。煮物に使われた野菜では芹《せり》が二十八回と最も多く、松茸が十五回、その他長芋、くわい、三つ葉、椎茸、初茸などがあります。

焼物は九十二回の食事の中の四十三回にあり、鰈《かれい》十二回、鯛六回が多く、おもに魚介類ですが、肉付焼も見られます。

なお『宴遊日記別録』の食事は歌舞伎座厨房で一部を再現しました。（117頁参照）

芝居の食

楽屋

〈踊形容楽屋の図〉絵の題に「踊形容」とありますが、この語は国語の辞書にもなく、石橋先生に教えていただきました。

「踊りのような姿をしたものというような意味で、歌舞伎や芝居と同義語に使われている。なぜ踊形容と言い換えたのかはよくわからず、天保の改革による歌舞伎弾圧の影響とも思われるが、この語の使用は安政年間（一八五四―六〇）の初め頃からなので、或は気取った、しゃれた言い方なのかもしれない。」

絵の人物は七人ですが、左から曽我十郎の扮装《ふんそう》の二代目澤村訥升《とっしょう》（のちの四代目助高屋高助）、次は訥升の付き人らしく、三人目は三代目市川市蔵、中央の左の馬方の扮装は中村鶴蔵（のちの三代目中村仲蔵）、次の女形《おんながた》は三代目岩井粂三郎（のちの八代目岩井半四郎）、右側の朝比奈の扮装は中村福助（のちの四代目中村芝翫）、右端が河原崎権十郎（のちの九代目市川団十郎）です。

〈酒宴の料理〉絵の中央には料理があり、馬方扮装の鶴蔵は盃を持ち、酒の燗をするちろりも見えますから、芝居が終わって楽屋での酒宴のようです。手前の浅鍋は鍋物用らしく上に散蓮華《ちりれんげ》が置いてあります。散蓮華は現在も使われている柄の短い陶製の匙《さじ》で、蓮の花びらに形が似ているところからの名です。匙は奈良時代から金属製のものが上流階級では箸と共に用いられており、平安時代の貴族の宴会の絵にも、食卓には箸と匙が一緒に置かれています。中世には箸だけになりますが、禅寺では併用され、江戸時代に入ると長崎に伝わった中国料理を和風化した卓袱《しっぽく》料理で湯匙《たんすう》が使われ、ちりれんげの名で料理書にも見られるようになります。

鍋の向うにある大皿は刺身のようで、赤と白の二種類があります。『守貞謾稿』の刺身の項に、鯛や鮃《ひらめ》などの白身の刺身と、鮪《まぐろ》などの赤身の刺身を二種類並べて盛るのを「作り合わせ」というとありますが、これは

『戯場訓蒙図彙』享和三年（一八〇三）

踊形容楽屋の図　三代歌川豊国画　安政六年（一八五九）　国立国会図書館蔵

その作り合わせのようです。

文化七年（一八一〇）の随筆集『飛鳥川《あすかがわ》』には「昔はまぐろを食いたるを、人に物語するにも耳に寄《よせ》てひそかに咄《はなし》たるに、今は歴々の御料理に出るもおかし。」とあるように、鮪は江戸時代には下賤な魚とされていました。別名を「しび」とよばれて不吉な名であり、また脂肪の多い魚は江戸時代には嫌われたこともあって、トロは赤身より下等でした。それが江戸後期から食べられるようになり、幕末の安政の頃に近海で鮪の大漁があり、鮪の握りずしが流行したといいます。

【楽屋】 楽屋は、もとは音楽を奏する部屋の意味で、古代の舞楽《ぶがく》では舞台から少し離れたところにある楽之屋《がくのや》は二つに区切られ、一方は奏楽の座で、一方は演技者の化粧・扮装・休息の場として用いられました。中世の猿楽（能）では、楽屋は舞台の後に設けられ、音楽は舞台で演奏されるので、楽屋は演技者の化粧・扮装・休息の用途だけに用いられるようになり、歌舞伎は猿楽の劇場様式を踏襲したものと考えられています。

歌舞伎の楽屋は、初期には大部屋だけで、すべての役者が雑居していましたが、江戸時代には役者の身分階級の差別が出来て、楽屋の構造が複雑になりました。楽屋は三階までありましたが、三階建は幕府の許可が得られなかったので、表向きは二階を中二階、三階を本二階とよんでいました。役者の居場所は階級によってきまっていて、一階の楽屋口近くにある稲荷大明神をまつる稲荷町とよばれる場所には下級の立役《たちやく》（男役）、二階は女形の居場所でした。三階には中級の立役の大部屋と上級の立役の部屋、座頭の部屋があり、大部屋は稽古や集会にも使われました。右頁の「楽屋裏口」の絵には、楽屋に入る女形とお供、料理の運び人、外には茶屋の屋台なども見え、楽屋口のざわめきが聞こえてくるようです。

芝居の食

正月の宴・初芝居

〔一陽新玉宴《いちようあらたまのうたげ》〕 歌舞伎役者たちの新年宴会の絵で、背景の隅田川の対岸に三囲《みめぐり》神社の鳥居が見えるので、場所は今戸あたりの料理屋のようです。天保十四年（一八四三）以降、江戸三座は浅草猿若町にありましたから、芝居町からすぐ近くです。

中央の台の上には刺身らしい大皿と蓋物、左側の深鉢の中は和物《あえもの》のようです。右側の鍋物用の両手鍋の蓋の上には散蓮華がのせてあり、53頁の「踊形容楽屋の図」の鍋と全く同じです。役者の酒宴には鍋物が多かったのでしょうか。

絵の中の役者の名は、絵を所蔵する味の素食の文化センターの解説によると、右図は四代目坂東三津五郎ほか四名、中図は坂東亀蔵ほか四名、左図は四代目市川小団治ほか四名とあります。

〈酒と酒器〉 絵の中央には猪口《ちょく》を持つ人と、燗徳利《かんとくり》から酒を注ぐ人が描かれています。盃は古代は土器《かわらけ》でしたが、後には金属製・漆器・陶磁器製のものが出来ました。時代が古いほど盃が大きいのは、酒宴で回し飲みに使われたためで、独酌《どくしゃく》が行われるようになった江戸時代後期には小さい猪口が使われるようになりました。『守貞謾稿』には猪口について「薄きこと紙のごとく、口径二寸ばかり、深さ八分ばかりなり。大小あり。」としています。燗徳利については43頁に書きましたが、酒をあたためて飲むことは、いつ頃から始まったのでしょうか。平安中期の法典『延喜式《えんぎしき》』には「煖酒料」の文字があるので、あたためることも行われていたようです。江戸中期頃までは、重陽節（九月九日）から上巳《じょうし》（三月三日）の前日までの寒い季節には燗をする習慣があったといいます。江戸後期に燗徳利が普及するまでは、酒をあたためるのには直火にかける燗鍋や、湯煎にする「ちろり」を用いました。なお儀式には昔も今も冷酒です。絵の左端下の細長い首の丸い器は、酒を運ぶための大きい徳利で『守貞謾稿』に「江戸にてこれを用ふことあり。白鳥という。はくてうと字音にいう。白玉薬をかける。」とあります。白玉薬は白い釉薬《うわぐすり》のことのようです。「白鳥」とは素敵な命名ですが、『人倫訓蒙図彙《じんりんきんもうずい》』（一六九〇）の酒屋の挿絵には、白鳥と同形の黒色の徳利が見られます。

一陽新玉宴
三代歌川豊国画　安政二年（一八五五）　味の素食の文化センター蔵

〔初芝居〕絵には歌舞伎役者の新年宴会が描かれていますが、正月の芝居興行は現在とは大分違っていたようです。江戸市中も大名や武家は総登城など三ヵ日は儀式でいそがしく、町家は元旦は雑煮や祝膳などのほか、店も銭湯もみな二日からなので寂しいくらいだったといいます。

江戸時代の初芝居については『東京年中行事』（一九一一）が詳述しています。要約すると「元日の午前中には式三番（翁渡し）があり、これは能楽曲の翁を歌舞伎風に演じるもので、太夫元が翁、若太夫が千歳、座頭が三番叟をつとめた。そのあとで座頭が春狂言を披露し、役割を読む仕初式《しぞめしき》を行った。続いて子役の踊があり、当り蜜柑といって蜜柑を撒いて式を終ったという。」この行事は入場無料で近くに住む人たちが見に行ったようです。初芝居は初め二日からでしたが、天保年間に十五日からに改められました。仕初式も元日だけから三日間になっています。

なお、仕初式を行うのは、中村座、市村座、森田座の三座に限ったものでした。明治以降は仕初式はなくなり、明治末頃には初興行が二日か三日には始まるようになりました。

初春狂言は江戸では享保期（一七一六―三六）以後、曾我物を上演するのが定例となり「初曾我《はつそが》」とよばれていました。源頼朝の重臣工藤祐《すけ》経《つね》に、父河津祐泰《すけやす》を討たれた十郎祐成《すけなり》と五郎時致《ときむね》の兄弟が、十八年目に富士の裾野の巻狩で工藤を討ったという史実をもとにした作品群を曾我物といい、正月の舞台では「対面」までを上演しました。「対面」は曾我兄弟が朝比奈の手引で祐経に対面する場面で、はやる五郎を兄十郎と朝比奈がなだめ、兄弟は祐経との再会を約して別れます。「対面」は一日の狂言の最後に上演され、後に成就する仇討をあらかじめ祝福する、おめでたい正月の儀式なのでした。

顔見世

【顔見世《かおみせ》】江戸時代の芝居小屋では、毎年十月に一年間の役者の顔ぶれを決め、十一月に最初の興行を行いました。この十一月（神楽月《かぐらづき》・霜月）の興行を顔見世といい、芝居の世界では正月にあたる一年のうちで最も大事な興行でした。

『東都歳事記』の十一月朔日《ついたち》の項に「三座芝居顔見《かおみせ》狂言興行　臘月《ろうげつ》（十二月）十二三日頃に至てこれを止む。十月晦日《みそか》暁八ツ明（午前三時頃）より太夫元若太夫吉例の三番叟を勤む。終りて前夜の人々を入れかゆる。扨七ツ時（午前五時頃）より前狂言脇狂言色子子役大勢の大踊り、終りて後新狂言顔見せの始りなり。すべて芝居にあづかるものは大晦日に同じく、十月晦日を極め、十一月朔日を以て元朝のこゝろになせり。」とあります。文中の太夫元は興行権の所有者で座元のこと、若太夫は太夫元の息子のことです。

江戸自慢三十六興　猿若街顔見せ
三代歌川豊国・二代歌川広重画　元治元年（一八六四）　国立国会図書館蔵

【桟敷《さじき》の客】上の絵は顔見世狂言を見る桟敷の人々の様子を描いています。左側には揚帽子《あげぼうし》をかぶった女性二人がいます。揚帽子は上流家庭で物見遊山のときに塵《ちり》よけにかぶったものです。中央の二人の客は服装からみて花柳界の人らしく、後には芝居茶屋の女性が、運んできた酒の銚子を受けとっており、料理の皿も見えます。右側の手前の二人が見ているのは絵本番付で、芝居の内容を絵にして簡単な文章を添えた半紙判の小冊子です。二人の前には提重《さげじゅう》らしいものと、紙の上に盛った菓子があります。絵の中央手前にも菓子と左側に蜜柑が盛ってあります。現在では蜜柑といえばおもに温州《うんしゅう》蜜柑ですが、江戸時代は紀州蜜柑でした。紀

神楽月顔見せの光景　五渡亭国貞（のちの三代歌川豊国）画　国立国会図書館蔵

州蜜柑は香りも味もよい蜜柑ですが、果実が小さく種が多いので、明治中期以降は温州蜜柑が代表種になりました。

〔顔見世月の芝居茶屋の料理〕 芝居好きの隠居した大名、柳沢信鴻《のぶとき》の観劇記録『宴遊日記別録』については50頁にあります。芝居茶屋での食事記録があるのは安永二年（一七七三）十一月から安永六年四月までで、顔見世月の記録があるのは安永二年から五年までですが、信鴻は十一月には必ず中村座・市村座・森田座の三座で観劇し、芝居茶屋で食事をしています。安永二年十一月の芝居茶屋での食事は次のようなものでした。

十一月六日　市村座　大和屋（芝居茶屋）
夕餉　そば　汁（摘肉・青菜）　大平（蒲鉾・くわい・椎茸）
　　猪口（蒟蒻白和）

十一月十三日　森田座　猿屋
夕餉　飯　汁（摘入・青菜）　大平（摺肉・芹・長芋・椎茸）
　　猪口（青菜）
夜餉　そば　汁（振豆腐・青菜）　平（蒟蒻・卵煎物）

十一月二十六日　中村座　松屋
朝餉　茶漬　煮物（かき・くわい・卵付）　猪口（しそ巻梅）
　　桟敷へ甘糕《かんこう》
夕餉　茶飯　汁（青み・のり）　煎物（やま肉・芹・椎茸）
　　焼物（かれいつけ焼）
夜餉　そば　汁（つみ入・椎茸）　煎物（くわい・はんぺん）
　　浸し物（青み・はり〳〵）

十一月二十六日は三食とも松屋でとり、「桟敷へ甘糕」とあるのは知り合いから貰ったもので、甘糕は餅菓子のようです。右頁右下の絵は顔見世月の猿若町の芝居茶屋の二階の光景です。

芝居の食

舞台

〔芝居絵の解説〕絵の人物には、右から若竹の亀、大和屋おせん、瀧のぼりの吉とありますが役者名もなく、以下は石橋先生に教えていただいたものです。

「似顔から判断して、若竹の亀（朝顔売）は五代目市村竹之丞、大和屋おせん（芸者）は初代坂東しうか、瀧のぼりの吉（水売）は八代目市川団十郎です。この配役から嘉永四年（一八五一）六月に市村座で上演された「松竹梅名残島台《しょうちくばいなごりのしまだい》」という舞踊作品と考証されます。ただし、団十郎は病気のためこの公演には出演しませんでしたので、初日前に出版された図と思われます。役名の「若竹」は竹之丞から、「大和屋」はしうかの屋号から、「瀧のぼり」は市川家で使う鯉の模様からつけられたもので、いずれも役者に因《ちな》んだ命名になっています。なお、この錦絵の改印《あらためいん》が二印（丸い検閲印が二つ）なので、弘化四年から嘉永五年（一八四七—五二）のものです。改印の下に「シタ売」とあるのも、この時期特有のもの（天保の改革の影響）です。」

八代目団十郎が嘉永七年（一八五四）に、三十二歳で大坂の旅館で自害したことは私でも知っており、改めて絵の中の団十郎を見直しました。八代目団十郎は花形の二枚目役者で絶大な人気があり、その死絵《しにえ》（有名な役者が死んだ時につくられる似顔絵を主にした摺り物）は二百種以上も出版されたといわれています。

〔江戸の水売り〕江戸で水を売る商売には二種類あり、冷たい水を売る冷水《ひやみず》売りと、普通の水を売る水売りがありました。冷水売りについては『守貞謾稿』に次のようにあります。「夏月、清冷の泉を汲み、白糖と寒晒粉の団とを加へ、一碗四文に売る。求めに応じて八文・十二文にも売るは、糖を多く加ふなり。売り詞、「ひやっこひ〱」といふ。京坂にては、この荷に似たるを路傍に居《お》きて売る。一碗おほむね六文。粉団を用ひず、白糖のみを加へ、冷水売りといはず砂糖水屋といふ。」文中の白糖は白砂糖、寒晒粉の団は白玉団子のことです。上の絵の水売りも冷水売りで、前の水桶の上に山盛りの白砂糖と錫《すず》か真鍮《しんちゅう》製の水呑が三つ見えます。冷水は江戸市内何ヵ所かの湧《わ》き水を用いたようですが「ぬるま湯を辻々で売る暑い事」という川柳もあります。

もう一つの水売りは、江戸城から流れ出る神田上水、玉川上水の余り水が外堀に落ちる龍《たつ》の口の水を、本所・深川など埋立地で飲料水の得られない地区へ船で運び、水桶で家々に一荷《か》四文で売り歩いた行商です。

〔江戸の水〕初期の江戸では、千鳥ヶ淵、牛ヶ淵、溜池など、台地内の小河川の水をせき止めて水源にしたようですが、江戸城が完成すると水

松竹梅名残島台　香蝶楼豊国（三代歌川豊国）画　虎屋文庫蔵

道が必要になりました。

〈上水《じょうすい》〉上水は飲料にするため溝や道管で供給される水をいいます。江戸では井の頭池を主要水源とした神田上水が寛永六年（一六二九）に、多摩川の水をとり入れた玉川上水が承応三年（一六五四）に開設されています。農村部では開渠《かいきょ》、都市部に入って暗渠《あんきょ》で、木の樋《とい》を箱型に組み立てた木樋《もくひ》で配水し、各所に枡を設けて分水し、末端には井戸や水溜があって、そこから汲む仕組でした。

〈井戸水〉『守貞謾稿』は江戸の井戸水について次のように書いています。「江戸も堀抜井あり。これは玉川および井の頭の水にあらず。地軸を貫きて清水を湧出せしむものなり。その制、尋常の井のごとく桶側を重ね、根側といふ最下の側底に一穴を穿ち、これに節を貫きたる竿竹筒《さおだけづつ》を立て、地中若干尋《ひろ》に及び、清水を呼ぶなり。（中略）また中水の井といふあり。堀抜にあらず、上水にあらず、前にいへる地中岩以上の水を汲むものなり。雑水に用ひ、夏月鮮魚等を冷やすにこれを良とし、魚店には専らこの井あり。」堀抜井戸は工事費が高く富裕層のものでしたが、宝暦（一七五一―六四）頃から技術改良で安くなり、普及したようです。

〈朝顔売り〉江戸時代には園芸が流行し、流行の花は時代によって変わりましたが、朝顔は文化年間（一八〇四―一八）に流行したあと、弘化年間（一八四四―四八）にも再び流行しています。一年草の朝顔は変り種の育成が容易で、江戸時代には珍花奇葉の朝顔が何種類も誕生しています。愛好家は自宅や寺社の境内などに自慢の花を並べて花合せ会を催し、また朝顔市や上の絵のように鉢植の朝顔を担いで売り歩く朝顔売りもいました。

元禄頃の江戸名物に「朝顔煎餅」という形が朝顔に似た煎餅があり、京橋北八丁堀の藤屋清左衛門の創製といいます。

五大力恋緘　三代歌川豊国画　国立国会図書館蔵

〔五大力恋緘《ごだいりきこいのふうじめ》〕 この狂言は元文二年（一七三七）に大坂曾根崎新地の湯《ゆ》女《な》菊野ら五人が、薩摩侍の早田八右衛門に斬殺された事件を脚色したもので、初代並木五瓶の代表作になっています。五大力とは仏法と国家を守護する五菩薩で、女性が手紙の封じめに「五大力」と書いておくと、無事に相手の男性に届くという五大力信仰があり、さらに遊女が男性への誓いに大切な持ち物に「五大力」と書くことが上方で流行しました。

絵には右から小まん、笹野三五兵衛《さんごべえ》、薩摩源五兵衛《げんごべえ》、まはし方弥助とあります。これらの名は大坂初演のあと、改訂して江戸で上演した時の役名です。菊野が小まん、薩摩侍が薩摩源五兵衛で二人は相愛の仲でしたが、悪人の笹野三五兵衛が小まんをだまして、三味線の皮に書いた「五大力」を「三五大切《さんごたいせつ》」と書き直させ、源五兵衛は小まんの裏切を怒り悲劇がおこります。この芝居は江戸では洲崎の遊廓での出来事になっており、中央の大きな台は遊廓専門の仕出し屋、台屋からの台の物です。

〔生造《いけづくり》鯛〕 台の上には大きな鯛があり、絵に描いた鯛なので誇張した大きさにも思えますが、江戸時代の日本橋魚河岸には大鯛が珍しくなかったようです。大鯛は大味で、二、三キロまでの鯛の方が味はよいそうですが、台の物は見た目が派手な方が喜ばれたといいます。絵の鯛は焼物ではなく生造鯛に見えます。『鯛百珍料理秘密箱』にある生造鯛の作り方はおよそ次のようなものです。「鱗をつけたまゝ鰓《えら》をとって洗い、背の所に包丁を入れ鱗つきの皮を尾まですき（はがし）つけておく。腹わたをとり上身下身をとり、ほかの鯛の身を作って上身の骨の上にならべ、腹わたのところには中実をとった柚の皮に酢みそを入れ友蓋をしたものを置き、鱗つきの皮をもとのようにかぶせる。」凝《こ》り過ぎて食欲をそそらない生造鯛ですが、絵の鯛は現在と同じ作り方のようです。

【契恋春粟餅《ちぎるこいはるのあわもち》】下の絵は石橋先生によると文久元年（一八六一）に市村座で「契恋春粟餅」の外題で上演された舞台の光景で、三枚続きの右一枚を省略してあります。左から市村羽左衛門（十三代目、のちの五代目菊五郎）、中村芝翫（四代目）です。本外題を「花競俄曲突《はなのほかにわかのきょくづき》」という弘化二年（一八四五）初演の風俗舞踊で、粟餅屋の男二人だけにしたり、これを夫婦にしたり、上演形態はいろいろあるそうです。

【粟餅】粟餅は江戸時代に人気のあった庶民の菓子で、糯粟《もちあわ》に米を三割ほど加えて水に浸してから蒸し、臼で搗いて小さくちぎり、中に餡を入れて包むか黄粉《きなこ》をまぶしたものです。『守貞謾稿』には左のような挿絵入りでおよそ次のようにあります。「粟餅は人出の多い路傍で売っており、搗き上がった餅を手でつかんで五本の指の間から団子を四個出し、六、七尺余（二メートル位）離れた皿に投げ入れると、別の人が皿の中で砂糖をまぜた黄粉をつけて売る。」搗き方も曲搗《きょくづき》とよばれて身振り面白く、見物人も多く人気があり、歌舞伎にも取り入れられたようです。

葭簀張粟餅店ノ図　『守貞謾稿』

契恋春粟餅　三代歌川豊国画　文久元年（一八六一）　国立国会図書館蔵

〔桜丸女房八重〕右頁も左頁も「桜丸女房八重」の絵です。「菅原伝授手《すがわらでんじゅて》習鑑《ならいかがみ》」の賀の祝の段の八重に見立てた女性が台所仕事をしている様子を描いたもので、実際の舞台ではありません。石橋先生に教えていただいたところでは左頁の絵は三枚組の揃い物の一枚で、左上の桜の囲みのなかに桜丸の半身像が、桜丸を得意とする五代目岩井半四郎の似顔で描かれています。同様に「松王丸女房千代」の絵には松の囲みの中に松王丸が五代目松本幸四郎の似顔で、「梅王丸女房春」の絵には梅の囲みのなかに梅王丸が三代目坂東三津五郎の似顔で描かれています。実際にこの顔合わせで上演された記録はないので、架空の配役のようです。

　賀の祝は松王丸、梅王丸、桜丸の三つ子の兄弟の父白太夫《しらだゆう》の七十歳の賀の祝で、千代、春、八重の三人の嫁が白太夫の家に来て祝いの膳の支度をします。台詞《せりふ》から祝膳の献立を推定すると、「雑煮（餅・大根・芋・上置に昆布）、鰹膾《かつおなます》、浸し物（たんぽぽ）、みそ汁（嫁菜）、飯」となります。江戸時代には雑煮は正月だけでなく、祝い事にはよく用いられました。たんぽぽや嫁菜は現在は野草ですが、当時は青物（野菜）の一種でした。

〈味噌汁〉上の絵の八重は擂り鉢を前にして擂りこ木を持ち味噌を擂るところです。左頁の八重はだしをとるために小刀で鰹節を削っており、両方とも味噌汁をつくるための準備です。

　味噌の起源は古く中国の醬《しょう》や豉《し》にあり、日本には奈良時代に伝わり、『養老律令』（七五七）には醬、豉とともに未醬があります。当時の未醬は大豆が主原料の豆味噌系のものらしく、のちに米麹が添加されるようになって日本特有の味噌が作られるようになりました。江戸時代

源氏雲浮世画合　桜丸女房八重　一勇斎国芳画　国立国会図書館蔵

には大豆・米・塩の配合割合が多様化して味噌の種類が多くなりました。味噌は室町時代には庶民にも普及していましたが、江戸時代には大量生産されるようになり、味噌汁は庶民の日常食として欠かせないものになりました。

寛文八年（一六六八）に書かれた『料理塩梅集《あんばいしゅう》』は、刊本ではなく手書きの本なのであまり知られてはいませんが、味噌汁について汁の作り方、妻（具）の種類と切り方、月毎の取り合わせまで詳しく記しています。江戸時代料理書の文章の一例として、味噌汁の記述の一部を次に引用します。

桜丸女房八重　初代歌川豊国画　文化八年（一八一一）頃　個人蔵

「惣而《そうじて》味噌汁は白味噌斗《ばかり》は、しんみりとなくしよびしよびとする故に悪也。又赤味噌斗はしつこき上に塩辛き味出、しつぽりとうまきなき故悪也。此故に赤味噌一升ならば、白味噌二合半又は三合まぜに合て、味噌汁仕立候へば、よき程に成《なり》申候。此上にだし袋鰹にして入候よし。くわしくは左注。赤味噌と白味噌と各別にすり置、すいのふにてよく越《こし》置、白味噌三合まぜの心得にして鍋に入、鰹だし袋も入焼《たき》立申候。」文中の「すいのふ」は水嚢《すいのう》で目の細かい篩《ふるい》です。また「くわしくは左注」とあるのは鰹だし袋のことです。

〈鰹だし〉『料理塩梅集』には、削った鰹節を布袋に入れてだしをとる方法が詳しく書かれています。現在は「だしパック」の名で市販品がありますが、鰹節を袋に入れてだしをとる方法は、室町末期成立の『大草殿《おおくさどの》より相伝の聞書』に既に書かれていて、先人の知恵には敬服するばかりです。鰹節は幕末までは現在のような鉋《かんな》付鰹節削り箱はなかったので小刀で削っていました。製法の違いで現在の鰹節のように堅くなかったこともあります。

また、江戸時代の味噌は粒味噌でしたから味噌汁を作る時には摺り鉢で摺って用いました。明治四十年の月刊誌『食道楽《くいどうらく》』にも味噌は摺るとあり、昭和初期の料理書も漉味噌より粒味噌を摺った方がおいしいとしています。

商いの食

魚市場

（日本橋魚市場）

江戸の魚市場は日本橋にあり、家康入府の天正十八年（一五九〇）に始まるといわれ、大正十二年（一九二三）の関東大震災で築地に移転するまで日本橋にありました。市場としての形が整ったのは寛永年間（一六二四―四四）で、寛文五年（一六六五）には本小田原町組・本船町組・本船町横店組・安針町組の四組問屋が組織され、幕府への納魚と江戸中の魚商売の中心になりました。日本橋と下流の江戸橋との間の日本橋川の北岸一帯の魚問屋の集合体が日本橋魚市（魚河岸《うおがし》）でした。

延宝二年（一六七四）には日本橋川南岸の本材木町に新肴場《しんさかなば》（新場）とよぶ魚市が開かれ、四日市町には塩魚や干魚を扱う問屋がありました。

そのほか芝の金杉町、本芝町には芝魚（芝浦でとれる小魚）を扱う芝雑《ざ》魚場《こば》がありました。

元禄（一六八八―一七〇四）以降は江戸の人口の急増と共に魚市場は繁盛し、魚市場は朝千両、芝居小屋は昼千両、吉原遊廓は夜千両ともいわれました。

寺門静軒の『江戸繁昌記』には「日本橋魚市」について詳細な記述があります。東洋文庫本はもとの漢文を漢字仮名まじり文にしていますがわかりにくいので、魚市場の光景の一部分を要約します。「遠州（静岡県）、豆州（静岡県）、相州（神奈川県）、房州（千葉県）、上総《かずさ》（千葉県）、下《しも》総《うさ》（千葉県・茨城県）からの速力の速い船が、おびただしく夜のうちに川岸に着くが、川幅が狭くてひしめきあい船腹がすれあうほどの混みようで、お互いに大声で叫んでいる。江戸の人々は鮮魚を食べることを好み、三日魚を食べないと体調が悪くなるという。毎日幾万の魚介類が江戸の人々の腹中におさまっている。」

日本橋魚市繁栄図　歌川国安画　国立国会図書館蔵

〈魚介類の種類〉『江戸繁昌記』は、魚市場に運ばれてきた魚介類の名をあげていますが、読みにくい漢字なので片仮名で列記すると「カレイ・スズキ・アジ・ボラ・フグ・アンコウ・ヒラメ・カナガシラ・ホウボウ・マグロ・ハモ・タコ・ヘイケガニ・コチ・サワラ・イシモチ・エイ・ナマコ・イカ・コノシロ・イワシ・コハダ・サバ・シジミ・ハマグリ・アカガイ・アワビ・サザエ・タイラギ・イガイ・ミルクイ・サメ類四種（ネコザメ・ノコギリザメ・ハハクザメ・シュモクザメ）・エビ類七種（カマクラエビ・シバエビ・ノロマエビ・テナガエビ・クルマエビ・サイマキ・アミ）・クジラ・サケ・タラ・タイ・クロダイ」などです。ボラは「潜送《いけす》の鯔魚《ぼら》」とあるので、生かしたまま送る生簀《いけす》の設備のある船で運ばれて来たことがわかり、フグは「雪輪の河豚《ふぐ》」とあって雪づめにして送って来たことがわかり、魚名だけでなく参考になる記述です。

〈日本橋魚市繁栄図〉日本橋魚市は江戸の名所でもあり、江戸初期の「江戸図屏風」（国立歴史民俗博物館蔵）にも魚市場近辺の活況が描かれています。上の図は魚市場での売買の様子を描き、人々の表情までよくわかります。魚介類も丁寧に描かれていて、右の方からタイ・アワビ・サザエ・イカ・カレイ・タコ・イセエビなどが見られます。左下の担がれている黒い大きな魚は何でしょうか。往来する人も様々ですが、中には魚介類の研究者もいたようです。武井周作は医師でしたが、保健に役立つ魚介類の実用書を書くことを志し、魚市場近くに転居したのを好機として、市場に通って魚介類を観察して産地・漁期・食べ方などを尋ね、さらに文献を調べて『魚鑑《うおかがみ》』（一八三一）を出版しています。魚市場は魚介類研究の宝庫でもありました。

魚屋と獣肉屋

〈商人七福神恵比須〉 恵比須《えびす》は七福神のひとりで、釣り竿で鯛を釣りあげた姿をしており、商家の守護神です。下の絵の人物は恵比須に見立てた四代目中村芝翫で、後の擬宝殊《ぎぼうしゅ》は日本橋を示し、日本橋は魚市場をさしています。印半纏《しるしばんてん》の芝翫は手鈎《てかぎ》で鯛を持っていますから魚市場の若い衆の姿です。勇み肌でいきな若者をいなせな若者といいますが、「いなせ」は「鯔背」と書き、日本橋魚河岸《うおがし》の若者たちが、イナ（ボラ）の背のような形の髷《まげ》を結んだのが語源といいます。ボラは成長に従って、スバシリ、イナ、ボラと名が変わる出世魚です。

〈魚屋〉 『守貞謾稿』は江戸時代の京坂と江戸の生業《なりわい》について挿絵入りで詳述していますので、魚屋に関係する部分を次に引用します。「江戸は本材木町、字して新魚場、略して新場といふ所の魚市は、相（相州）の三浦・三崎・金沢等近海より出るをもつて魚美味。本船町および小田原町に漕すは、総房（上総・下総・安房）その他遠海の漁魚故に劣れりとす。江戸は漁村より右の魚問屋に送り、問屋より仲買と称する魚賈《か》（魚屋）に分ち、仲買よりぼてという小賈（小売）に売る。売りて後に直《ね》を定めて、仲買より問屋に価を収む。」賈は商人・商品などをさします。

文中の「ぼて」については次のように記しています。「三都ともに、小民の生業に賈物を担ひあるひは負うて市街を呼び巡る者はなはだ多し。（中略）京坂にてはこの小賈（小商人）をすべて「ぼてふり」といふ。江戸にては魚の担ぎ売りのみを「ぼて」といふ。また京坂にて魚および菜蔬《さいそ》（野菜）の担ぎ売りを笊振《ざるふ》りといふ。籠の紙張類を京坂にて詳らかにいふ時、はりぼて略してぼてともいふ。」

江戸の魚屋には店売りと、荷を担いで売り歩くぼて振りとがありました。（64・65頁の図参照）ぼてはもっこ（縄を網のようにあんだ籠）の上に籠を置き、その上に魚を入れた桶を置き、天秤棒《てんびんぼう》の両端につるして呼び声をあげながら市中を売り歩きました。

商人七福神恵比須
豊川国周画　慶応二年（一八六六）
味の素食の文化センター蔵

〈山鯨〉 左頁の絵には「山くじら」の看板が大きく書かれていますが、山鯨は猪肉《いのしし》または一般の獣肉の異称で、獣肉屋は「ももんじ屋」と呼ばれていました。最も有名なももんじ屋は糀《こうじ》（麴）町平河町の甲州屋で、絵の店は尾張屋で、幕末には十数軒あったといいます。江戸時代には獣肉食は忌避されていましたが、実際にはかなり行われていたらしく、本草書や料理書に記載された食用獣肉は、記載の多い順に、鹿・猪・兎・牛・狸《たぬき》・犬その他十種類もあります。『江戸繁昌記』の「山鯨」の章には、ももんじ屋の盛況が書かれていますが、店の料理は獣肉に葱を加えて煮る鍋物が主で、鹿鍋は紅葉《もみじ》鍋、猪鍋は牡丹《ぼたん》鍋と呼ばれていました。

〔びくに橋〕比丘尼橋は現在の銀座一丁目辺にあって、外堀と京橋川の接点に架かる橋でした。絵の右側が外堀で石垣があり、遠くに見える火《ひの》見櫓《みやぐら》のあたりに数寄屋橋御門がありました。右の犬のいる店は焼芋屋で「○やき十三里」の看板が見えます。（45頁参照）

名所江戸百景
びくにはし雪中
歌川広重画
安政五年（一八五八）
味の素食の文化センター蔵

魚と野菜

〈青物魚軍勢大合戦の図《あおものさかなぐんぜいだいかっせんのず》〉 この錦絵は、擬人化された青物（野菜）と魚介類の合戦を描いたもので、安政六年（一八五九）に板行《はんこう》されています。安政五年には致死率の高い疫病のコレラが長崎から侵入して、箱館（函館）にまで及ぶ日本中に伝染し、三年間にわたって流行して多くの死者を出し「安政コレラ」と呼ばれています。この絵は青物はコレラにかからない食物、魚はかかりやすい食物を示しているともいわれています。

人間以外の生物や無生物を擬人化して戦わせる主題は、異類合戦物《かっせんもの》として室町時代から物語や絵にとりあげられており、食物を擬人化したものでは、文明以前（一四六九以前）の成立といわれる『精進魚類物語』が知られています。この物語では納豆を大将とする精進軍が勝ち、魚類軍の大将鮭の大介は鍋の城で討死しています。

上の絵では右側が青物軍、左側が魚軍で、青物軍が優勢のようです。青物軍は右側上の方から藤唐《とうもろ》士之助《こしのすけ》（トウモロコシ）、蜜柑太《みかんだ》夫《ゆう》（ミカン）、唐辛四郎《とうからしろう》（トウガラシ）、芋山十八《いもやまとうはち》（ヤマノイモ）、松田茸長《まつだたけなが》（マツタケ）、砂村元成《すなむらもとなり》（カボチャ）、藤顔次郎直高《とうがんじろうなおたか》（トウガン）、大根之助二股《ふたまた》（ダイコン）。右側下の方から空豆之進（ソラマメ）、茄子三郎（ナス）、桑井永之進《くわいえいのしん》（クワイ）、大木桃之助《おおきもものすけ》（モモ）、甲斐武道之助《かいぶどうのすけ》（ブドウ）、宇利《うり》三郎（マクワウリ）、水瓜《すいか》赤種（スイカ）、百合根十郎（ユリネ）。

左側の魚軍は右の方から鰈《かれい》平太（カレイ）、魴鮄《ほうぼう》小次郎（ホウボウ）、海底泡之助《うみそこあわのすけ》（カニ）、初鰹之進（カツオ）、佐々井壺八郎（サザエ）、蛸《たこ》入道八足《はっそく》（タコ）、戸尾魚次郎《とびうおじろう》（トビウオ）、鯰《なまず》太郎（ナマズ）、味物鯛見（タイ）、しやち太子（シャチ）、大鰭鮪之助《おおひれまぐろのすけ》（マグロ）、鰒《ふぐ》三郎腹高《はらたか》（フグ）。

〈江戸時代の野菜〉 江戸時代には野菜という呼び名は稀《まれ》で、一般に青物と呼ばれていました。当時の青物と現在の野菜との違いは、現在は山菜や野草とされているものが青物の中に入っていること、明治以降外国から導入された野菜が多く、また品種改良も行われて、現在は野菜の種類が豊富なことです。

江戸の八百屋 『守貞謾稿』

青物魚軍勢大合戦の図　歌川広景画　安政六年（一八五九）　味の素食の文化センター蔵

江戸時代の野菜の生産と供給をみると、当時は人口の八割近くが農民だったといわれ、農村では自給自足、城下町では周囲の農村から供給されていました。江戸では将軍家は江戸城内に広い野菜畑があり、城外にも御前栽畑《ごせんざいばたけ》があって自給し、神田青物市場からも買い上げていました。大名も広い敷地内に野菜畑を持ち領民からの上納もありました。武士階級は下級武士でも百坪以上の土地を与えられていたので、庭の菜園でかなりの量を自給していました。一方で江戸の人口の約半数を占める町人の居住地は江戸の約五分の一に過ぎず、近郊農村からの野菜売りに依存していました。『守貞謾稿』には、瓜や茄子《なす》など一、二種だけを売り歩く者を前栽売りと呼び、数種を売る者を八百屋と呼ぶとあります。江戸に青物市場が出来たのは十七世紀に入ってからのようで、神田・千住・駒込などのほか各所に出来ています。江戸の人口の増加と共に野菜の需要も多くなり、促成栽培による高価な初物《はつもの》野菜の生産が流行して、初物野菜を抑制する御触書もたびたび出ています。また、練馬大根・小松菜・滝野川牛蒡《ごぼう》・谷中生姜《やなかしょうが》などの江戸近辺の名産野菜は、現在もその名を残しています。

〔魚介類の格付け〕 上の絵の魚軍にも多種類の魚介類が参加していますが、料理書などによると、江戸時代には魚介類に上中下の格付けがありました。室町時代までは鯉《こい》が最高でしたが、江戸時代には鯛《たい》が一位になり、『本朝食鑑』には「鯛はわが国の魚類の長である」とあります。鯛や伊勢海老の上位は現在も変わりませんが、ふぐ・鮪《まぐろ》・蟹《かに》などの下位、鮒《ふな》の上位などは現在と違います。ふぐは中毒死することがあるため、鮪は脂肪の多い魚は当時好まれなかったためと別名の「しび」が嫌われたためのようです。

商いの食

料理屋

〈料理屋〉江戸時代の料理屋は料理茶屋とも呼ばれていますが、『守貞謾稿』では区別なく両方を使っており、辞書などにも両者は同じとあります。しいていえば料理屋は広義の料理店で、料理茶屋は現在の料亭（主として日本料理を提供し、客に遊興飲食させる店）に相当するようです。

江戸では宝暦（一七五一―六四）頃から本格的な料理屋が出来はじめ、名物評判記『富貴地座居《ふきじざい》』（一七七七）の江戸の「料理之部」には、三十一軒の料理屋の名をあげています。また『江戸買物独案内《えどかいものひとりあんない》』（一八二四）の「飲食の部」には「御料理」を看板とする店が六十九軒もあり、時代と共に料理屋は増加しています。

〈河内屋《かわちや》〉両国柳橋にあり、二階での書画会の光景です。書画会は会場に客を集めて、専門家が書画を揮毫《きごう》して希望者に販売する会で、料理屋

江戸高名会亭尽　両国柳橋　河内屋
歌川広重画　天保期（一八三〇―四四）　味の素食の文化センター蔵

江戸高名会亭尽　雑司ヶ谷の図
歌川広重画　天保期　国立国会図書館蔵

江戸高名会亭尽　山谷八百善
歌川広重画　天保期　国立国会図書館蔵

で行われるようになったのは寛政年間（一七八九―一八〇一）からといいます。毛氈《もうせん》の上に水鉢、絵具皿、筆などが見え、立っている女性が持っているのは燗鍋《かんなべ》でしょうか。

〈茗荷屋《みょうがや》〉安産と子育ての神として参詣人の多い雑司ヶ谷の鬼子母神《きしぼじん》の門前には、茗荷屋などの料理屋、茶屋、土産物屋などが軒を連ねていました。絵の左端の母子連れの子供が持っているのは鬼子母神土産のみみずくです。

〈八百善《やおぜん》〉八百善は料理屋を開業する前に、新鳥越二丁目（山谷）で八百屋を始め、八百屋善四郎の名から八百善と呼ばれました。文化年間（一八〇四―一八）に仕出し屋を始め、文政（一八一八―三〇）の初め頃から料理屋に発展しました。四代目の主人栗山善四郎は趣味が広く、その著書『料理通《りょうりつう》』には、交流のあった一流の文人墨客《ぼっかく》が序文や挿絵を寄せています。

〈軽子《かるこ》〉左の絵には「天保年間深川かるこの風俗」とあります。軽子は江戸深川の岡場所（未公認の遊女屋）で、座敷へ酒肴《しゅこう》を運ぶ女性のことです。左手の膳の上には煮物らしい大鉢と、熊笹を改敷《かいしき》にした刺身の大皿が見えます。食べ物を器に盛る時に下に敷くものを改敷といいますが、改敷の使い方にはしきたりがあり、『貞丈雑記《ていじょうざっき》』（一八四三）には、笹の葉は切腹をする人が用いる改敷なので、「ささの葉かい敷にするは忌むなり」とあります。現在では、すしや料理の改敷に熊笹の葉はよく使われています。

風俗三十二相　おもたそう　月岡芳年画　明治二十一年（一八八八）　味の素食の文化センター蔵

【卓袱料理《しっぽくりょうり》】「卓子料理」とも書き、唐《とう》料理ともよばれた、江戸時代に中国から伝わって日本化された中国料理です。卓袱は食卓にかける布で、転じて食卓をさし、卓袱台（食卓）にのせて供する料理を卓袱料理と呼びました。精進《しょうじん》の卓袱料理は普茶《ふちゃ》料理と呼び、江戸初期に来日した明《みん》の禅僧隠元によって伝えられ、隠元が開祖となった京都宇治の黄檗山万福寺《おうばくさんまんぷくじ》の普茶料理は現在も知られています。『料理通』四編から、卓袱料理での客のもてなし方を要約すると「四人で卓子台一脚を用意し、客七人ならば主人も共に相伴するので二脚用意する。まず煎茶を出し、座附吸物という処からすぐに卓子台を持出す。小菜八品大菜十二品で、みな偶数である。白煮《しらに》の豚の蹄《つめ》、丸煮の鶏、焼羊など日本で用意しにくい物は、その時々の魚鳥にかえて料理する」とあり、卓袱台を数人で囲み、一つの器から各自で取り分ける食べ方が珍しがられたようです。下の図は八百善での卓袱料理の光景で、四人が丸い卓袱台を囲んでいます。卓上には大皿と深鉢三つ、小皿、匙《さじ》、箸立《はしたて》などがあります。『嬉遊笑覧』（一八三〇）の中に「京師祇園の下河原に佐野屋嘉兵衛という者、享保年中長崎より上京して、初て大椀十二の食卓をし弘めける。これ京師・難波にて食卓の始とかや。」「江戸にも処々に出つらめど行はれず。浮世《うきよ》小路《しょうじ》の百川《ももかわ》茂左衛門なども、初め食卓料理したるなり。」とあります。長崎には元禄二年（一六八九）に唐人《とうじん》屋敷が完成しており、唐風料理はその頃から作られていたらしく、卓袱料理も長崎に始まり、京坂や江戸にも伝えられたようです。

江戸卓袱料理　『料理通』初編挿絵

【百川《ももかわ》】日本橋浮世小路の料理屋百川が出来たのは明和・安永（一七六四―八四）の頃といわれています。天明（一七八一―八九）の頃には名の知られた卓袱料理屋となり、文化・文政（一八〇四―三〇）頃には高級店として繁盛しました。上の絵は文政期の百川を描いたもので、左端の女性が運ぶ料理も大皿盛りで、卓袱料理の特色を示しています。

百川繁栄図　五渡亭国貞（のちの三代歌川豊国）画　文政八年（一八二五）　個人蔵

味の素食の文化センターの蔵書に『江戸時代唐料理　百川楼』という写本があり、巻末に付記として「百川楼は伊勢町裏河岸の百川茂左衛門の事ならんか。此記録は嘉永年間の事と思わる　泉涌翁　写之」とあります。内容は原著者が友人達と百川へ唐料理（卓袱料理）を食べに行った時の記録で、店の間取り、室内装飾、給仕の仕方、献立、値段まで詳細に書かれており、臨場感があります。料理に関する部分を要約すると、

「丸い黒漆の卓台の上にギヤマン（ガラス）のコップと皿が、客それぞれの前に置かれ、箸は上に紅で寿《ことぶき》と書いた紙に包んである。台の中央にはギヤマンの瓶入りの薄荷酒、保命酒があり、切子（カットグラス）の蓋物には砂糖が、切子の箸立には数膳の箸が立っている。

小菜は　海膽《うに》蒲鉾、鶉《うずら》胡麻蒲鉾、紅白花形薯蕷、結牛蒡白胡麻和、海老寄物、椎茸しんじょ　どれも六寸程の切子の皿に盛る。

吸物　鯛皮付き糝薯《しんじょ》　葉防風　赤みそ
燗酒　切子の瓶に入
鱠　鰹　胡瓜　独活《うど》　大根卸し　かけ醤油
　　切子の四方皿（角皿）に簾《すだれ》を敷て盛る
茶碗　青鷺《あおさぎ》　むしり菜　新渡染付《しんわたりそめつけ》の器
小菜　鯛赤みそ入むし揚　切子の皿に盛る
椀盛　玉子糝薯　わらび　塩初茸　薄葛
　　うるみ椀（潤朱《うるみしゅ》で塗った椀）に盛る

飯
香の物　茄子白瓜切漬　黄南京の丼と見ゆれど淡路焼

右だけにて一人前百疋、これは極の下等なり。中品は百疋半、上品は二百疋なり。二百疋の御客様へは泥亀《すっぽん》を出すといふ。」

なお百疋は千文（約一万五千円）です。

〈呉服橋魚仙《うおせん》〉右下の絵の枠内には遠景に呉服橋があり、絵の中央下には魚仙の文字がある角形の袴《はかま》（徳利を置くための台）があります。日本橋平松町の魚仙は、江戸後期の料理屋として知られた店で、文久元年（一八六一）刊の見立番付「魚尽《うおづくし》見立評判会席献立料理通」にも、行司の一段下に魚仙があります。魚仙は新鮮な魚介類が豊富な店で、とくに生作《いけづくり》が有名だったようです。日本橋には魚市場があり、日本橋の下流に隣接する江戸橋の近くには幕府の「活鯛屋敷」があり、中には大きな生簀《いけす》（とった魚を生かして飼っておく所）があったといいます。魚仙は立地条件に恵まれた料理屋でした。

〈生作〉生きている魚の腹を裂いて内蔵を除き、頭・尾・大骨はそのままにして肉を刺身にして大骨の上に並べ、生きていた時のような姿にして供する料理です。もとは生命力の強い鯉《こい》の料理法でしたが、他の魚でも同様の作り方をして生作と呼んでいます。

〈鉄砲洲《てっぽうず》あらい屋〉下左の絵には鉄砲洲とあり、中央の女性が灯を入れている提灯《ちょうちん》の下には「あらいや」と店の名が見えます。幕末の料理屋の番付などを探してもあらい屋は見つかりませんでしたから仕出し屋なのでしょうか。鉄砲洲は隅田川河口西岸の地名で、江戸初期には人の住まない砂洲でしたが、寛永年間（一六二四―四四）に大砲の演習地だったので鉄砲洲の名があるといいます。明暦の大火（一六五七）後に埋め立てられて一部は大名屋敷になり、本湊町、明石町などが出来ました。

〈佃煮《つくだに》〉海を隔てたすぐ近くの佃島は、徳川家康に縁のある摂津国佃村の漁師たちが江戸に移り、正保元年（一六四四）に干潟を拝領して宅地を造成し佃島と命名したものです。漁師たちは優先的漁業権を与えられ、魚介類を江戸城へ納める役目がありましたが、小さな雑魚は煮つめて保存食とし、これが発展して江戸名物の佃煮になりました。

江戸名所百人美女　呉服ばし
三代歌川豊国・歌川国久画　安政四年（一八五七）　国立国会図書館蔵

江戸名所百人美女　鉄砲洲
三代歌川豊国・歌川国久画　安政五年（一八五八）　国立国会図書館蔵

商いの食

茶見世

【茶見世《ちゃみせ》】茶見世は往来する人々の休憩所で、小屋掛のものは掛茶屋《かけぢゃや》、出茶屋と呼ばれました。江戸では茶見世とも水茶屋ともいい、軒下に下図のような茶棚を置いていました。客に出す茶の多くは、小笊《こざる》の中に茶葉を入れて沸騰させた湯をかける漉《こし》茶でした。二碗目は漉茶か塩漬の桜花を浮かべた桜湯か、香煎を加えた湯を出すこともあり、湯呑茶碗に二、三碗出すのが普通でした。茶見世だけでなく、奥や二階に四、五席設けて会合などに貸すことも多かったようです。

左の絵の日ぐらしの里は、現在の荒川区日暮里《にっぽり》で、江戸時代には低地で田地が多く、道灌山《どうかんやま》などの台地からは筑波山、日光の山々が見えて見晴らしのよい名所で、雪月花をめでるところでした。このあたりに多い寺院の庭には草木の花も多く、酒亭や茶見世もあって人々で賑わったといいます。

左下の絵は浅草寺門前の茶見世です。金龍山浅草寺は庶民信仰の霊場でした。広い境内には茶見世や楊枝《ようじ》店などが多く、観音堂西側の奥山では見世物や曲独楽《きょくごま》などの興行も行われ、江戸随一の盛り場でした。

江戸名所百人美女　日ぐらしの里
三代歌川豊国・歌川国久画　安政四年（一八五七）　国立国会図書館蔵

江戸名所百人美女　浅草寺
三代歌川豊国・歌川国久画　安政四年（一八五七）　国立国会図書館蔵

江戸水茶屋　茶棚図　『守貞謾稿』

十二ケ月の内　六月門涼　渓斎英泉画　国立国会図書館蔵

江戸名所百人美女　堀の内祖師堂
三代歌川豊国・歌川国久画　安政四年（一八五七）　国立国会図書館蔵

〔麦湯〕 麦湯は殻つきのまま煎《い》った大麦を煎《せん》じた飲み物で、現在の麦茶です。麦湯は煎茶《せんちゃ》の普及していなかった江戸前期から庶民の飲み物でしたが、麦湯の店が江戸の街頭の夏の夜の景物となったのは文政（一八一八―一三〇）の頃からといいます。店には化粧をした少女がいて給仕をし、桜湯・葛湯・あられ湯などもあって価も安く、夜おそくまで賑わいました。当時の江戸の街頭は照明がなく暗かったので、「むぎゆ」の行灯《あんどん》が闇を彩っていたそうです。

〔粟の水飴〕 右下の絵には堀の内祖師堂《そしどう》とあります。堀の内は現在の杉並区堀の内のあたりで、祖師堂は日蓮宗妙法寺の祖師堂で、厄除祖師として知られていました。安永（一七七二―八一）の頃から妙法寺への参詣人が多くなり、茶見世や料理屋も出来て繁盛したといわれ、水飴を売る店もあったようです。水飴は米や粟などの澱粉《でんぷん》質を、麦もやしなどに含まれる糖化酵素で糖化して作る古代からある甘味料です。

〔ところてん〕 左頁の絵の役者らしい二人は誰の似顔なのか見当がつかず、服部幸雄先生（二〇〇七年逝去）に教えていただきました。右側が坂東竹三郎（のちの五代目坂東彦三郎）、左側が初代中村鶴蔵（のちの三代目中村仲蔵）で、夏の花紫陽花《あじさい》と、花形役者の夏姿の組み合わせの趣向ではということでした。鶴蔵は見た目ではなく、忍耐と努力で名題役者に出世した人といわれています。

右側の美男役者の持っている器の中身は何でしょうか。夏の季節ですから冷たい食べ物で、液体ではなく透明感

ところてん売り　『守貞謾稿』

があり、上にのせた紅白の団子が気になりますが、ところてんと推定しました。ところてんは海藻の天草《てんぐさ》を煮とかし冷やして凝固させたもので、心太《こころぶと》の名で奈良時代から食用にされ、室町後期には街頭でも売られ、現在と同様のところてん突きも使われていました。

江戸時代にはところてんと呼ばれるようになり、夏の食べ物として人気がありました。『守貞謾稿』には、江戸では砂糖か醤油をかけて食べ、京坂は砂糖で醤油は使わないとあります。なお、ところてんを凍結乾燥した寒天が作られたのは江戸初期でした。

當盛六花撰　紫陽花　三代歌川豊国・歌川広重画　嘉永七年（一八五四）　国立国会図書館蔵

商いの食

行商

〔行商〕『守貞謾稿』巻之六（生業下）には、三都（江戸・京都・大坂）の各種の行商についての記述がありますが、江戸の食べ物関係の行商を記載順にあげると次の通りです。すべて品名だけで「売り」は省略します。

「鮮魚、枯魚《ひもの》（塩物・乾物）、松魚《かつお》、白魚、むきみ（蛤《はまぐり》・あさり・ばか・さるぼう）、蛎《かき》、蜆《しじみ》、生海鼠《なまこ》、金海鼠《きんこ》、鯉、菜蔬（青物）、前栽《せんざい》、豆腐（豆腐・焼豆腐・油揚）、醤油、塩、嘗物《なめもの》（さくら味噌・金山寺味噌）、漬物（塩漬・浅漬・糠漬・奈良漬・糠味噌漬・沢庵漬）、新粉《しんこ》細工、飴細工、飴、菓子、蕃椒粉《とうがらし》（七味唐辛子）、鰻《うなぎ》蒲焼、甘酒、湯出莢《ゆでまめ》（枝豆）、心太《ところてん》、松茸、初茸、揚げ昆布、いなご蒲焼、鳥貝とふか（さめ）刺身、冷水、湯出鶏卵《ゆでたまご》、鮨、稲荷鮨、砂糖入金時、納豆、白玉、乾海苔、塩辛」

また夜のみ市街を巡る生業《なりわい》として「温飩《うどん》屋、蕎麦屋、善哉《ぜんざい》、汁粉、上《じょう》燗《かん》おでん（燗酒と菎蒻・芋の田楽を売る）、茶飯（茶飯と餡掛け豆腐を売る）」などをあげています。

〔白玉売り〕下の絵は両国の花火の賑わいを描いたもので、左から五代目尾上菊五郎の白玉売梅、四代目中村芝翫の魁の駒、二代目澤村訥升（のちの四代目助高屋高助）のむら千鳥の紀《き》のです。役名があるので芝居の場面かと思いましたが、石橋先生のご教示では「一種の見立て絵で、「梅」は菊五郎の俳名の「梅幸」に、「魁」は芝翫の雅号の「魁香舎」、「駒」は同じく屋号の「成駒屋」に、「むら千鳥」は澤村家の図柄である「千鳥」、「紀の」は同じく屋号の「紀伊国屋」に因んだもので、芝居の人物ではなく、それぞれの役者にあわせて作った役名と考えられる」ということでした。

白玉売りについては『守貞謾稿』に「白玉は寒晒粉（白玉粉）を水をもっ

夕涼花火賑　歌川国周画　明治三年（一八七〇）国立国会図書館蔵

てこれを練り、これを丸めて湯烹《ゆに》したるをいふ。白糖をかけてこれを食す。あるひは冷水にこれを加ふ。また汁粉にもこれを加ふといへども、路上売りは冷水に用ふるを専らとし、夏月にこれを売る。」とあります。

〔清書七伊呂波〕 左の絵は、いろは四十七文字を一枚ずつに描いたなかの「み」に当たる絵で、みと読む漢字を並べ、みの字のつく歌舞伎の登場人物を、その役にふさわしい役者の似顔で描いています。七代目、八代目の団十郎が水売りを題材にした舞踊を演じた縁で、この絵の水売りは初代河原崎権十郎（のちの九代目団十郎）です。

清書七伊路波　三代歌川豊国画　国立国会図書館蔵

菓子屋

〔菓子の歴史〕 菓子は古くは果子《かし》と書いて木の実や果物を指し、甘味のある自然物が現在の菓子の役割をしていました。奈良時代には中国との交流によって唐菓子《とうがし》が伝来して宮中行事などに用いられ、平安時代になると民間の市でも売られるようになりました。唐菓子は小麦粉や米粉を水でこねて、いろいろな形に作り、油で揚げたりしたものです。鎌倉後期には禅僧によって中国から点心の羊羹《ようかん》や饅頭《まんじゅう》が伝えられました。当時は砂糖は貴重な輸入品でしたから、砂糖入りのものは「砂糖羊羹」「砂糖饅頭」とよばれていました。安土・桃山時代になると南蛮菓子としてカステラ・カルメラ・金平糖《こんぺいとう》・有平糖《あるへいとう》などが伝えられ、一部の人たちに珍重されました。

菓子が庶民にも普及するのは、国産砂糖が生産されるようになった江戸中期以後のことです。江戸初期には茶会の菓子にも栗や榧《かや》などの木の実、柿や梨などの果物、昆布や椎茸の煮染《にしめ》などが用いられています。江戸初期の『料理物語』には菓子の作り方もありますが、おもに米粉や葛粉が主材料の牛房餅や葛餅などです。元禄になると『男重宝記《なんちょうほうき》』（一六九三）には、蒸菓子・干菓子二百五十種余りが記載されています。

〔江戸の菓子屋〕 元禄年間（一六八八—一七〇四）には、芝田町の鶴屋の大仏餅、茅場町と日本橋の塩瀬《しおせ》の饅頭、葺屋《ふきや》町と駒形の戎《えびす》屋の饅頭、金龍山下の麓屋と鶴屋の米《よね》饅頭、麹町助惣の麸《ふ》の焼、両国広小路小松屋の幾代《いくよ》餅などがあり、享保年間（一七一六—三六）では、向島の山本屋の桜餅、浅草桔梗《ききょう》屋の浅草餅が人気がありました。上流階級向の上菓子屋には金沢丹後、鈴木越後、鳥飼和泉、紅屋志津摩、桔梗屋河内、船橋

御蒸菓子所　『古今新製名菓秘録』　文久二年（一八六二）

屋織江などがあって高品質の菓子を作り、和菓子の完成は江戸後期であったことを示しています。このほか団子、汁粉、飴などの行商も多く、菓子は庶民生活にも欠かせないものになりました。

〔飴売り〕左の絵は飴売りに扮《ふん》した十三代目市村羽左衛門です。定紋《じょうもん》は橘、替紋《かえもん》は渦巻なので、衣装にもその両方が見られますが、渦巻は飴屋の商標でもあり、その符合におもしろさがあります。江戸の飴売りはこのように三味線をひいたり鉦《かね》をたたいたり賑やかに売り歩いていました。

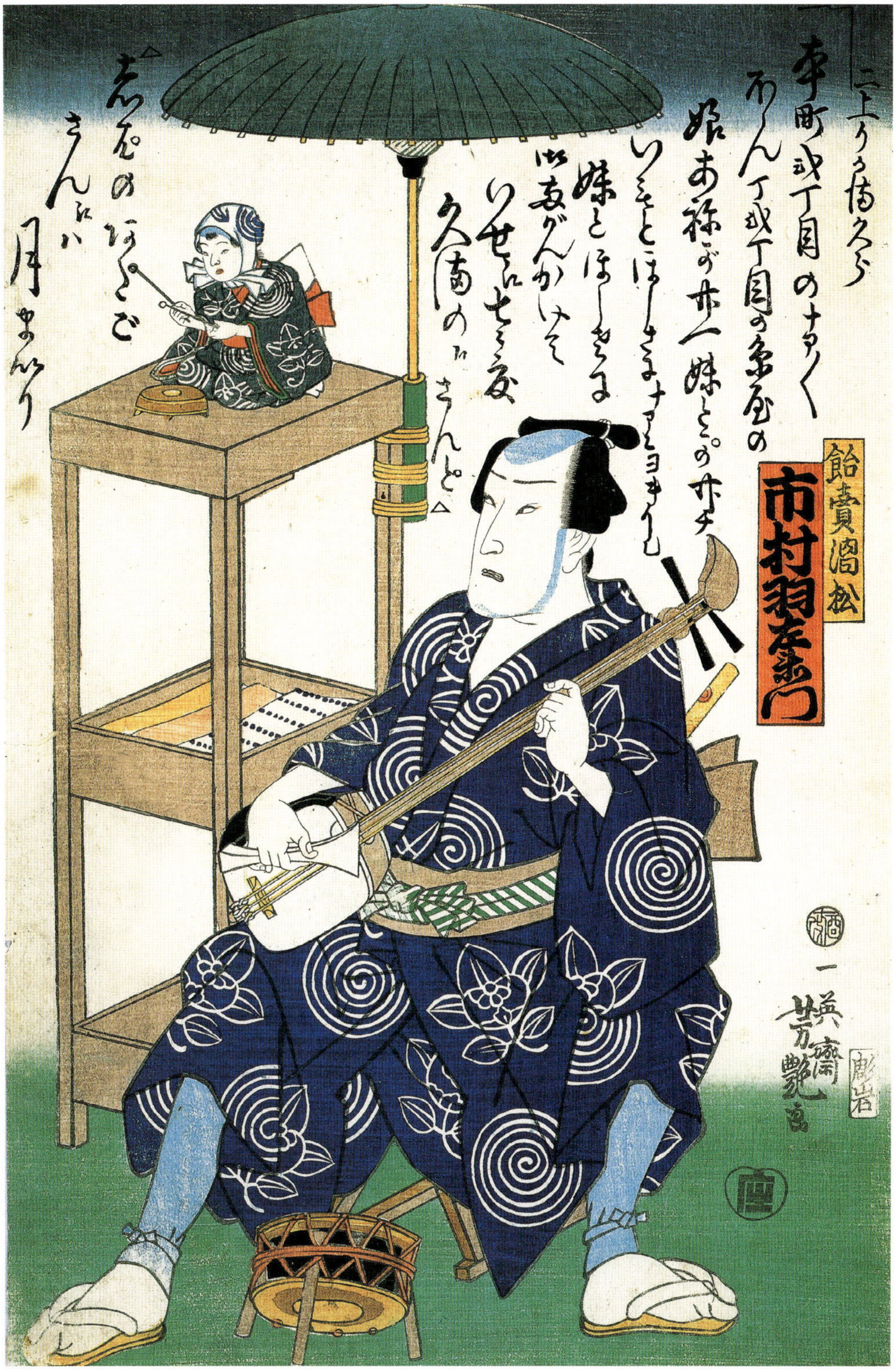

飴売渦松　一英斎芳艶画　文久元年（一八六一）　虎屋文庫蔵

旅籠

〔東海道五十三次〕日本橋を起点とする五街道が整備されたのは江戸時代初期で、東海道・中山道（中仙道）・奥州道中・日光道中・甲州道中と呼ばれました。中山道は日本橋から京都までの街道で、木曾路を通るので木曾街道とも呼ばれていました。東海道は江戸日本橋から京都三条大橋まで百二十六里六町（約494km）で、五十三の宿場が設けられていたので五十三次といいます。宿場の宿泊施設のなかで、参勤交代の大名や幕府の役人、公家などが公用の旅で利用するのが本陣、予備の本陣が脇本陣《わきほんじん》でした。一般の旅人のためには、一泊二食付きの旅籠《はたご》と、薪《まき》を買って自炊する木賃宿《きちんやど》とがありました。宿泊費は江戸後期で、上等の旅籠で三百文（現在の約四千五百円）、一番安い旅籠で百文（約千五百円）くらい、木賃宿は薪代は別にして素泊り五十文から六十文といわれています。下の絵は江戸から三十六番目の宿場赤坂（愛知県）の旅籠で、右側の部屋には三人の飯盛女《めしもりおんな》（遊女）が見え、左の部屋には客に膳を運んできたようです。左頁の絵は江戸から七番目の宿場平塚（神奈川県）で江戸から十五里三十町（約62km）あります。当時の旅人が一日に歩く距離は、男は十里（約39km）、女や老人が八里（約31km）だったといいますから、平塚は足の弱い旅人には二泊目の宿場でした。

〔旅籠の食事〕平塚の旅籠の絵では二人分の膳と飯櫃《めしびつ》が運ばれています。拡大図でよくわかりますが、膳の手前箸《はし》のある方から左に飯椀、右に汁椀、その向うの皿に魚が一尾、その左の平椀は煮物で、中央の小皿が香の物です。魚がついていますから夕食の膳のようで、この献立を香の物も数えて一汁三菜と呼びます。旅籠の食事を記録した道中記は少ないのですが、嘉永元年（一八四八、原文には弘化とありますが三月は嘉永に

東海道五十三次の内　赤坂　歌川広重画　天保四年（一八三三年）国立国会図書館蔵

改元後）の春に、讃岐国（香川県）の砂糖商人らしい某が、志度の浦の講中二十人程と約二ヵ月の伊勢参宮の旅に出た時の記録『伊勢参宮献立道中記』は貴重な記録です。その中から伊勢に着く前の奈良の旅籠と、伊勢参宮をすませた帰路の京都の旅籠の食事を紹介しましょう。

奈良の旅籠小力屋（三月二十日宿泊）

夕食　菓子椀（三つ葉・椎茸・竹の子）　茶碗（麩・すり生姜・うど）
　みそ汁（青味）　香の物・飯

朝食　椀（芋・ぜんまい・ゆば）　猪口（みづからと大根の三杯酢）
　みそ汁（青み）　飯

京都三條大橋東詰の美濃屋（四月六日三食）

朝食　唐津蓋物（たかんな・いか付焼・蕗）　みそ汁（青み）
　皿（蒲鉾・大根・落し醤油）　飯

昼食　皿（鱧《はも》の酒煮）　菓子椀（玉子ふわふわ）　飯

夕食　皿（鱧の付焼）　菓子椀（鯛・薄雪《うすゆき》昆布・椎茸）
　みそ汁（小菜）　飯

奈良では海から遠いので魚が少く、京都は魚も豊富な献立です。菓子椀の玉子ふわふわは、卵を泡立てるようにかきまぜ、調味しただしを二倍くらい加え、土鍋などで加熱してふわふわに凝固させたものです。

双筆五十三次　平塚　三代歌川豊国・歌川広重画　嘉永七年（一八五四年）　国立国会図書館蔵

旅の食

道中の名物

〔東海道中五十三次の名物〕『柳多留拾遺《やなぎだるしゅうい》』の宝暦二年（一七五二）の句に「名物をくふが無筆の道中記」とあるように、飲食は旅の楽しみで、宿場にはそれぞれに名物の食べ物がありました。東海道五十三次の名物で、現在もその地の名物として知られているものには、小田原の梅干と外郎《ういろう》（薬と菓子）、府中（現在の静岡市）の安倍川餅、鞠子《まりこ》（静岡市丸子）のとろろ汁、新居《あらい》（静岡県新居町）の浜名湖のうなぎ、桑名の焼蛤《やきはまぐり》などがあります。

〔とろろ汁〕下の絵は鞠子の宿の名物とろろ汁の看板の見える店を描いています。鞠子は現在の静岡市丸子で、江戸中期の俳諧集『猿蓑《さるみの》』（一六九一）にある「梅若菜まりこの宿のとろろ汁」の芭蕉の句で、とろろ汁が名物になったといわれています。とろろ汁は山の芋を摺りおろして、味噌や醤油で調味しただし汁で薄めた料理で、『日葡辞書《にっぽじしょ》』にも見られて江戸時代以前からあり、現在の私たちにも親しいものです。

とろろ汁の作り方を江戸時代の料理書で見ると、『料理物語』には「煮《に》貫《ぬき》よし、山のいも　青のり　よくよくこまかにおろしてすりて吉《よし》。のりは色よきほど入候て吉。あたため過候へばあしく候。吸口《すいくち》胡椒の粉」とあります。煮貫は味噌で調味した鰹《かつお》のだし汁のことです。『料理早指南』四編には「すましにても仕立《したて》れども、みそのかた味《あじわ》ひよし。白みそ六分常みそ四分すりまぜ、本汁（味噌汁）の加減にだしにて仕かけ、煮返し漉てよくさまして後、すりたるいもをのべてよし。冬は再びあたためて出して吉」とあり、味噌仕立が多かったようです。なお、ヤマノイモは

東海道五十三次の内　鞠子　歌川広重画　天保四年（一八三三）　国立国会図書館蔵

自然薯《じねんじょ》のことで、現在一般に用いられているのは栽培種のナガイモです。ナガイモには長薯のほか、大和薯《やまといも》・豊後薯《ぶんごいも》・銀杏薯《いちょういも》などの品種があります。また、とろろ汁には麦飯が付き物ですが、『名飯部類《めいはんぶるい》』（一八〇二）には、とろろ汁には麦飯よりも、白米を柔らかに炊いた飯がよいとあり、「新米にとろろ汁」のことわざもあります

【干瓢《かんぴょう》】 水口《みなくち》は現在の滋賀県甲賀市水口町です。干瓢生産の発祥地は大坂の木津《きづ》といわれ、『諸国名物往来』（一八二四）にも摂津国の名物として木津干瓢があげられています。明治中頃までは干瓢の生産は近畿地方が盛んで、水口も名産地でした。水口の藩主加藤氏は元禄八年（一六九五）に下野国壬生《しもつけのくにみぶ》に国替えになり、次の水口藩主鳥居氏も正徳二年（一七一二）に壬生に移封になり、壬生の加藤氏が再び水口藩主となって明治維新まで続きました。壬生は現在の栃木県下都賀郡壬生町で、江戸時代の藩主の移動によって干瓢生産の技術が水口から関東へ伝えられ、現在では栃木県と茨城県で、全国の干瓢の需要を満たすようになりました。

干瓢の原料は夕顔《ゆうがお》の果実で、夕顔は瓢箪《ひょうたん》と同じウリ科の植物です。熟した果実の皮をとり、白い果肉を細く長く剝《む》いて竿にかけて日にほして干瓢を作ります。干瓢は江戸時代には煮物・和《あ》え物・浸し物や精進《しょうじん》のだしの材料にもなり、現在よりも日常的な食材でした。芝居見物の弁当として始まった幕の内弁当（116頁参照）にも握り飯に添えて「焼鶏卵・蒲鉾・こんにゃく・焼豆腐・干瓢」とあります。また『料理物語』には「精進のだしは、かんへう　昆布（やきても入）ほしたで、もちごめ（袋に入る）、ほしかぶら、干大根、右の内取合《とりあわせ》よし」とあります。そのほか橘川房常《きつかわふさつね》の『料理集』（一七三三）にある「干瓢の胡桃《くるみ》味噌和え」は、薄味で煮た干瓢を胡桃味噌で和えたもので、国立劇場十八番《おはこ》の江戸弁当（114頁参照）でもよく作ります。

東海道五十三次の内　水口　名物干瓢
歌川広重画　天保四年（一八三三）　国立国会図書館蔵

東海道五十三次の内　桑名の図　香蝶楼国貞（のちの三代歌川豊国）画　国立国会図書館蔵

〔焼蛤《やきはまぐり》と時雨《しぐれ》蛤〕伊勢（三重県）の桑名は江戸時代から焼蛤で知られており、「その手は桑名の焼蛤」のことわざは「その手はくわない」をしゃれていったものです。蛤の産地は各地にあり、江戸湾もその一つでしたが、その中で桑名が有名なのは、交通の要所だったことと、桑名の蛤が上質だったためのようです。右の絵の店には「しぐれ　焼蛤」の看板があります。『日本山海名産図会』（一七九九）には「焼蛤ならびに時雨蛤」として「勢州桑名、富田《とみだ》の名物なり。松のちちり（松笠）を焚きて蛤の目番《めつがい》（二枚貝の合わせ目の靭帯《じんたい》）の方より焼くに貝に柱を残さず味美なり。時雨蛤の制は、玉味噌を漬たる桶に溜りたる浮汁《うきしる》に蛤を煮たる汁を合せ、山椒・木茸《きくらげ》・生姜等を加えてむき身を煮詰たるなり」とあります。

『東海道中膝栗毛』五編で、弥次郎兵衛と北八も桑名と富田で焼蛤を食べています。「箱にしたいろりのようなものの中へ蛤をならべ、松かさをつかみ込み、あふぎたてて焼く」とあり、大皿に焼蛤を盛って出しており、蛤は現在とくらべ安価でした。

〔信濃蕎麦〕左頁上の絵で「信州名物二六」とあるのは二六《にろく》そばのことです。江戸の屋台のそば屋は二八《にはち》そばとしており、二六そばは少ないようです。この「二八」の解釈には二説あって、一杯の値段が2《に》×8《はち》で十六文とする説と、そば粉八割に小麦粉二割で打ったそばとする混合率説とがあります。しかし「二六うどん」というものもあり、うどんは小麦粉だけで作るので混合率は成り立たず、現在は値段説が有力です。

（秋田の大蕗《おおふき》） 左下の絵は、珍しい秋田大蕗を描いたうちわ絵です。浮世絵師の五雲亭貞秀は地理に関心があり、幕末期に北海道松前から九州まで歩いたそうですから、秋田の大蕗も現地で見たものと思われます。

青葉高《たかし》先生の『日本の野菜』（一九八三）には「大形の蕗が北海道や東北にあることは古くから知られていたが、秋田大蕗はその中でも巨大で、寛延年間（一七四九頃）に雪沢村の長木沢で見つけたものといわれる。当時の秋田藩主佐竹義峰侯が江戸で諸侯に蕗の話をしたところ、一笑に付されたので、早飛脚で長木沢の蕗を江戸に届けさせ諸侯を驚かせ、以来秋田大蕗の巨大なことが全国的に知られるようになった。」とあります。

秋田大蕗が栽培されるようになったのは、天保の頃（一八四〇頃）といわれ、明治十五年（一八八二）に砂糖漬に加工されて市販されるようになり、秋田の名産品の一つになっています。なお大蕗は質がかたく苦味があるので野菜としては使われていないそうです。

山海名産畫　信濃蕎麦　歌川国芳（一勇斎）画　国立国会図書館蔵

秋田ふきの図　五雲亭貞秀（歌川貞秀）画　国立国会図書館蔵

日常の食

食事

【庶民の食事】下の絵は人形浄瑠璃の「近《ちか》頃河原達引《ごろかわらのたてひき》」が歌舞伎化された「お俊伝《しゅんでん》兵衛《べえ》堀川《ほりかわ》の場」のお俊の兄猿回しの与次郎に扮した三代目中村歌右衛門で、上演されたのは文化五年（一八〇八）四月中村座と解説にあります。

食事の様子が描かれた絵は珍しく、芝居とはいえ、江戸後期の庶民の食事を知る手がかりになります。中央の箸《はし》が置かれて飯碗とおかずが二種類ある膳は胡桃《くるみ》足膳《あしぜん》といい、胡桃の実の二つ割りを四隅につけて足とした膳で、江戸では使用人などが使っていました。

江戸時代は食生活も身分による差があり、都市と田舎と地方による違いもありました。農民は収穫の半分以上の米を年貢《ねんぐ》として納め、次には肥料その他の費用にあてるため金に換え、残りの一部は盆・正月などハレの日のために貯え、日常の食事にまわせる分はごく僅かでした。そのため野菜類を大量に米に加えたかて飯や、雑炊《ぞうすい》、粥《かゆ》が主食でした。一方で都市に住む人々の主食は米でした。幕府や藩は農民から取り立てた年貢米を、自家消費する分以外は米商人を通して都市で金に換えたので、都市は米の消費地となり、住民は白米を主食にしました。そのため米価の安い時期には脚気《かっけ》が流行し、とくに江戸に多かったので「江戸わずらい」ともいわれました。

『守貞謾稿』は「飯」の項で概略次のように書いています。「一般の人々は三都（江戸・京都・大坂）とも粳米《うるち》を釜で炊くのが普通で、田舎では麦を混ぜることが多く、混ぜる割合は半々、また麦七米三といろいろである。日常食は江戸では朝に飯を炊いて味噌汁とともに食べ、昼は冷飯で野菜か魚肉などの一菜を添え、夕飯は茶漬けに香の物を添える。京坂

お俊伝兵衛堀川の段　初代歌川豊国画　国立劇場蔵

では昼に飯を炊き、煮物あるいは魚類または味噌汁など二、三種を添え、朝飯と夕飯には冷飯に茶、香の物を添える。しかし大店《おおだな》などでは三食とも飯を炊き、また一日に二回炊く家もある。京坂では朝夕冷飯なので冬には茶粥や白粥を作り、粥を好む傾向があるが、江戸では粥より雑炊を好むようである。」

〔食事の回数〕 一日の食事の回数については、『三田村鳶魚《えんぎょ》全集』の「江戸の食生活」が参考になります。江戸時代初期までは、朝明るくなったら朝食、日が暮れて暗くなる前に夕食の二食が普通で、現在の時間でいえば午前八時と午後二時、後には午前十時と午後四時ぐらいでした。これは都市の場合で、重労働の農民などは四、五回だったようです。元禄（一六八八—一七〇四）の頃から夜食が加わることもあり、芝居茶屋のところで紹介した（50・51頁参照）安永二年（一七七三）の柳沢信鴻《のぶとき》の芝居茶屋での食事も、朝餉、夕餉、夜餉となっています。寛政年間（一七八九—一八〇一）には都会では一日三回の食事が一般化したらしいとあります。

〔鍋料理〕 鍋料理は現在も冬の人気料理ですが、江戸時代の錦絵の酒宴の席には鍋料理がよく見られます。一方で料理書に鍋料理が少ないのは、格別の技術を必要としないためでしょうか。『料理物語』には煮物の部に鍋焼があり「みそ汁にてなべにて其まま煮候也。たい　ぼら　こち　何にとも取あはせ候」とあり、味噌仕立の鍋料理です。鍋焼の名は現在も鍋焼うどんなどに残っています。そのほか鍋濃醤《こくしょう》、杉箱焼、貝焼、鍋煮、湯やっこ（湯豆腐）などが鍋料理に相当します。なお現在の鋤焼《すきやき》は鍋料理ですが、江戸時代は農耕用の鋤を鍋のかわりにして、魚鳥や鯨などの肉を焼く焼き物でした。

東京美女そろひ　柳橋きんし　二代歌川国貞（のちの四代歌川豊国）画　明治元年（一八六八）　味の素食の文化センター蔵

台所

〔長屋の台所〕江戸の代表的な庶民住宅は長屋で、一棟の中に数戸があり、さまざまな職業の人々が借りて暮らしていました。天保期（一八三〇—四四）の江戸町人の人口は約五十五万人といわれ、その大部分は長屋住まいでしたから、約二万棟の長屋があったことになるといいます。長屋にも上下があって、最下等が「九尺二間の裏長屋」といわれた間口が九尺（2.7ｍ）、奥行二間（3.6ｍ）の三坪の家でした。入口を入ると土間で台所と兼用でかまどと水瓶《みずがめ》があり、居間は四畳半一間です。井戸、芥溜《ごみため》、便所は共同でした。

〔辰ノ刻の絵〕辰ノ刻は季節により差がありますが、およそ現在の午前八時で、その時刻に打つ鐘の数から五ツ時（夜にも五ツ時はあるので日の五ツ時）と呼びました。煙草を吸う女房と飯を炊く亭主が描かれ、左上には「朝床に煙草のけぶりふかしつつ長屋いぶせきかかあ大将」とあります。江戸の町方では男が多く女が少ないので、長屋住まいにはかかあ天下が多く、朝から働きに出る亭主が炊事をすることも珍しくなかったようです。

〔巳《み》ノ刻の絵〕巳ノ刻は日の四ツ時で、現在の午前十時頃です。斗《と》計《けい》は時計で、江戸時代には不定時法の和時計があり、上流階級にはかなり普及していたようです。明治五年の改暦で定時法となり、一日二十四時間の時計になりました。絵の女性は起きたばかりの芸者のようで、鏡台の前で房楊枝《ふさようじ》で歯を磨いており、鏡台の上の小箱には歯磨粉が入っています。手前にある丸い器は口すすぎや手洗いに使う耳だらいです。左上の物売りの荷には、金山寺ひしほ、漬物品々とあり、江戸では料理をしないでも、おかずは買って間に合わせることも出来ました。

今世斗計十二時　辰ノ刻　五渡亭国貞（のちの三代歌川豊国）画　国立国会図書館蔵

今世斗計十二時　巳ノ刻　五渡亭国貞（のちの三代歌川豊国）画　国立国会図書館蔵

日常の食

鰹節

〔祝儀《しゅうぎ》と鰹節《かつおぶし》〕何本もの麻縄で結びつらねた鰹節が描かれていますが、鰹節十本をこのように結びつらねたものを一連《れん》と呼び、売買の単位にもなっていました。女性と鰹節の関係は左上の文章にも書かれているようですが判読できず、見出しに「相談が整ひ相《そう》」とあるので、縁談が整って鰹節は結納《ゆいのう》の品と推定しました。

江戸時代には結婚の申し込みを言入《いいいれ》といい、言入のしるしが現在の結納でした。元禄の若い女性の心得をまとめた『女重宝記《おんなちょうほうき》』（一六九二）には、言入のしるしに男の方から女の方へ贈る品として「小袖二つに熨《の》斗鮑《しあわび》と鰹節を添え、樽は五荷五種か三荷三種」とあります。一荷《か》は天秤棒《てんびんぼう》で担う前後の二つをいい、五荷で酒の一斗樽を十樽、五種は肴《さかな》五種で、昆布・するめ・塩鯛・串鮑・鰹節です。これは上流階級の場合で、下流では「酒は手樽に小額のお金、木綿を二反に肴はごまめ」とあります。また、武家階級でも鰹節は最高級の贈答品として用いられていました。

〔食材としての鰹節〕鰹節は高価な食品でしたが美味で保存が出来るので、江戸時代には携帯食、保存食としても用いられました。とくに兵糧《ひょうろう》として、鰹節は乾飯《ほしいい》、焼塩、味噌と共に必需品とされていました。

また鰹節からつくる鰹だしは日本料理の基本として、江戸時代料理書に詳述されています。鰹節は室町後期に誕生した荒節《あらぶし》（鰹を生切りにし煮熟《しゃじゅく》後に数回焙乾《ばいかん》して作る）から、江戸時代初期には表皮を削り形を整えた裸節《はだかぶし》が作られ、さらに黴《かび》付けによって品質のよい枯《かれ》節、本枯節《ほんがれ》が作られるようになりました。紀州、土佐、薩摩などで生産され、江戸中期頃からは、庶民にも正月やハレの日の食材として使われていたようです。

當勢（世）三十二想　豊原国周画　明治元年（一八六八）　国立国会図書館蔵

子供の飲食

〔飲食のしつけ〕下の絵には「膳部飲食の事」とあり、幼い頃からの飲食のしつけが大切であると説いています。江戸時代の子供の食事のしつけについての文献は少ないようですが、貝原益軒の『和俗童子訓』（一七一〇）には「八歳の教育」の中に「此ころよりたちいふるまひの礼、尊長の前に出て、つかふると退くと、尊長に対し、客に対し、物をいひ、いらへこたふる法、饌具《せんぐ》（食膳）を尊長の前にすえ、また取て退く法、盃を出し銚子を取て酒をすすめ肴を出す法、茶をすすむる礼をもならわしむべし。また、みづから食する法、尊長の賜わる盃と肴をいただき、客の盃をいただきのむ法、尊者に対し拝礼をなす法を教え知らしむべし。また茶礼をもおしゆべし。」とあり、まさに隔世の感があります。ちなみに「七歳の教育」の中には「これより男女席を同《おなじく》してならび坐せず、食を共にせず。」とあります。

下右の絵の女性は母親らしく子供に食べさせています。中央の膳は蝶《ちょう》足膳《あしぜん》と呼び、内朱外黒で、江戸では平日の朝食に用いたといいます。

〔十二時の食事〕下左の絵は明治二十三年（一八九〇）の出版で、時計も現在と同じ定時法になってからのものですが、庶民の食生活は江戸時代とほぼ同じでした。この絵については味の素食の文化センターの解説が詳しいので引用します。「右上のこま絵枠は懐中時計。中に「十二時《どんと》おたべと小児《こ》にすゝめ　薫作」とあり。薫は梅素亭薫で、この部分の絵も描いたものと見られる。「どん」は当時丸の内で正午を知らせるために発射した空砲の音から、正午のこと。ここでは「どっさり」の意味の「ど

幼童諸芸教草　膳　歌川国芳（朝桜楼）画　国立国会図書館蔵

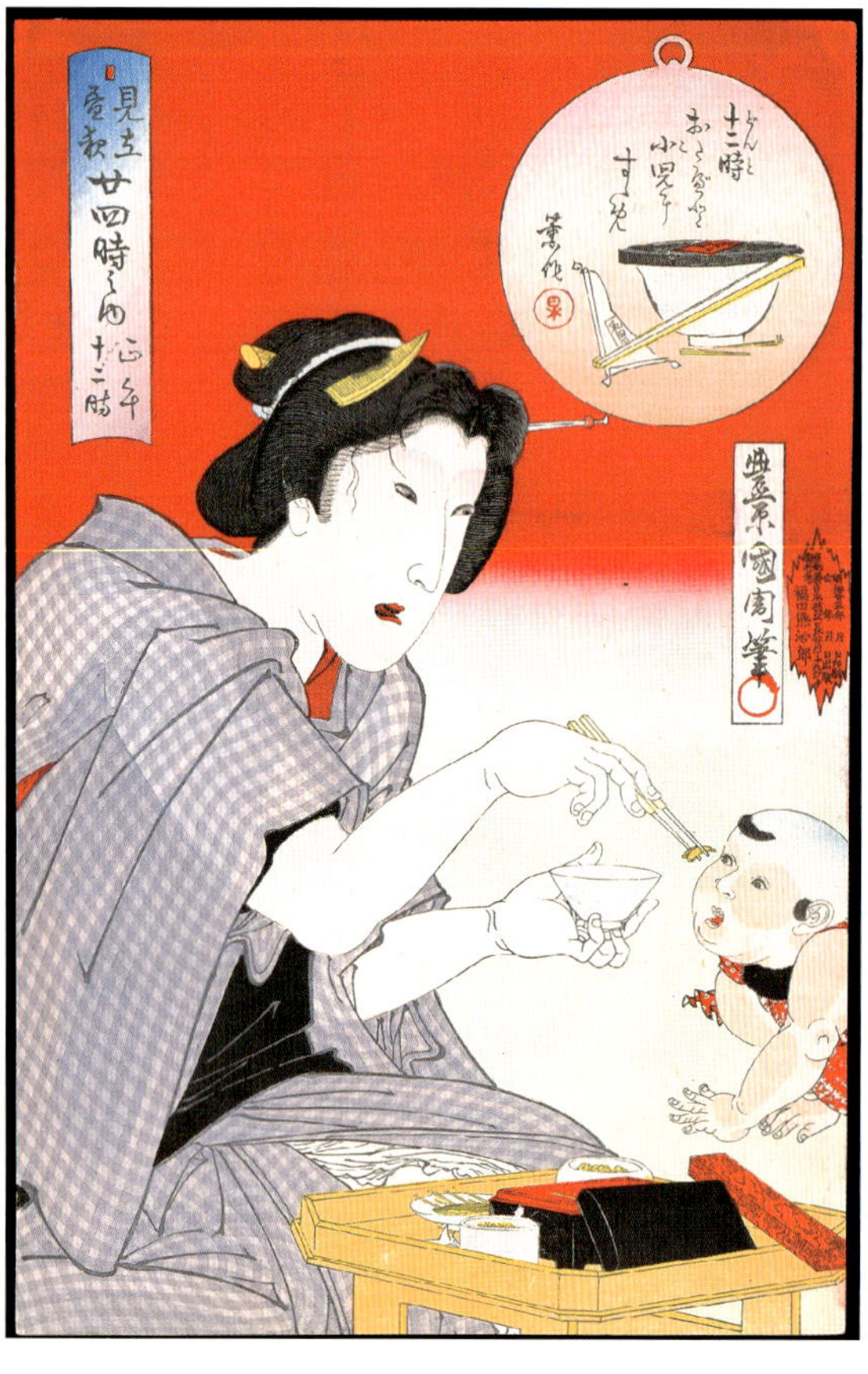

見立昼夜廿四時の内正午十二吋
豊原国周画　明治二十三年（一八九〇）味の素食の文化センター蔵

んと」に掛けている。膳の上に重箱・箸箱などがあり、こま絵の箸の間の薬味の包みに、日本橋の蒲焼屋「和田平」の名がある。」

【金花糖《きんかとう》】左の絵は縦二枚継の珍しい形で、織物を題名にした揃物の一つです。母親に髪を結ってもらっている幼児は、籠の中の花や果実に見える金花糖を一つ口に入れています。金花糖は有平糖《あるへいとう》の一種で、白砂糖を練って花・果物・魚などの形の金属製の型に入れて焼き彩色した中空の砂糖菓子です。なつかしい昔の菓子になりましたが、現在でも金沢などでは、雛祭の菓子として売られています。

【幼児の髪形】92・93頁の絵の三人の子供の髪形は似ているようですが違いもあります。『守貞謾稿』には子供の髪形について、挿絵入りで次のような説明があります。「盆の窪《くぼ》、男女児ともに出生して第七日に産《うぶ》髪《かみ》全くこれを剃る。その次には項《うなじ》に図の如くいささか髪を残す。」「芥《け》子坊《しぼう》、百会《ひゃくえ》（頭の項上）に図の如く残すもあり。芥子坊主といふ。」「奴《やっこ》、三歳にて髪置《かみおき》と称へ賀することあり。多くはこの項より耳上に髪を残す。三都ともにこれをやっことなづく。」「唐子《からこ》　右の如《ごとき》を残さず、奴より上の方に円形に残したるあり。三都ともにからことい
ふ。」

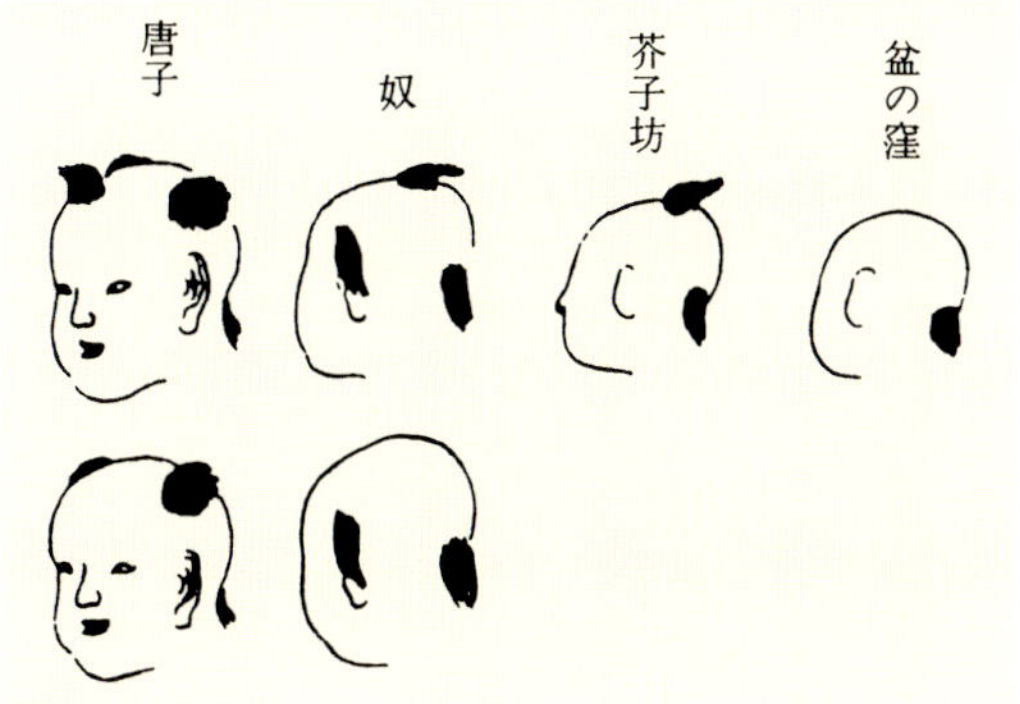

子供の髪形　『守貞謾稿』

誂（あつらへ）織時世好　三代歌川豊国画　弘化元年（一八四四）　味の素食の文化センター蔵

菓子と酒

〔太平喜餅酒多多買《たいへいきもちさけたたかい》〕この絵は擬人化した餅と酒の戦いで、餅の軍勢の多くは餅菓子ですから、下戸《げこ》と上戸《じょうご》の戦いともいえます。左側の菓子の軍勢は赤旗で平家に、右側の酒の軍勢は白旗で源氏に見立て、太平喜は太平記のもじりです。両軍とも二十人ほどの軍勢で、全員に名前があるので、左側の菓子軍からあげてみます。大将は「吉例目出大夫春餅」の名の鏡餅です。左の方から「切餅はま蔵」「青戸四郎菱成」「今坂上あん」「猪の小弥太萩餅」「内お《うちの》土産《みや》きんつば」「小ぐら折之進みめ頼《より》」「船橋入道ようかん」「安倍川駿河」「一膳十六郎花頼《はなより》」「墨田桜の進葉包《はつつみ》」「宇津巻《うづまき》七味斎《ひちみさい》」「腰高満重《まんぢう》」「四ツ差四文太《さしもんた》」「千巻端午《ちまきたんご》」「八文太郎服太」「やき立九郎大福」などの名が見え、左端の楯には「極品ぎうひ類」「新製唐まんぢう」「極製かすていら」とあります。

右側の酒軍の大将は「初尾神酒守剣菱《はつおみきのかみけんびし》」で、右の方から「酒のわんぱくだつ満《みつ》」「池田呑照《のみてる》」「くだべの居酒《すへさけ》」「かけ附三平」「山川四郎雛棚《ひなたな》」「伊《い》丹之助諸白《たみのすけもろはく》」「内田三《み》ツ割《わり》」「跡引長三《あとひきてうざ》」「紙屋《かみや》の菊王丸」「五舛兵衛呑継《ごせうへうへのみつぐ》」「一《いつ》本木割無《ぽんぎわりなし》」「四文壹五郎《いちごろう》」「こなから呑太《のんだ》」「花山ちどりの助口元」「せうぶ酒長四郎」「にごりの四郎」「ちまはり悪酒郎」「瀧水四方作呑吉《たきのみずよもさくのみよし》」「新《しん》酒《しゅ》のめ内《ない》」、右端の楯に「瀧水」「銘酒武蔵野明月」「銘酒宮戸川」とあります。

〔菓子〕菓子（餅）の軍勢の大将は鏡餅ですが、胴体は菓子簞笥《たんす》、鎧《よろい》の袖などは有平糖《あるへいとう》のようです。そのほかの軍勢を前述の名前の順に菓子の名であげると、切餅・菱餅・今坂餅・萩餅（お萩）・きんつば（刀のつばの形）・みめより（四角のきんつば）・練羊羹《ねりようかん》・安倍川餅・汁粉・桜餅・飴・饅頭《まんじゅう》・団子・ちまき・腹太餅・大福で、楯に牛皮餅・唐饅頭・かすてらの名が見えます。

以上のような菓子は庶民に親しまれたもので、現在の私たちも知っているものが大半ですが、わかりにくいものもあります。

〈有平糖〉室町末期にポルトガルから伝来した南蛮菓子の一種で、砂糖から作る飴菓子。

〈今坂餅〉卵形の餡餅で、白・赤・緑などの色があったといわれています。

〈みめより〉平たい四角形の餡の表面に水溶きをした小麦粉をつけて鉄板で焼いた現在のきんつばの元祖のようです。本来のきんつばは「内お土産きんつば」のように刀の鍔《つば》の形で丸いものでした。

〈腹太餅〉ふっくらと丸みを帯びた形が鳥の鶉《うずら》に似ているので鶉餅とも呼ばれました。糯米《もちごめ》の粉を水でこねて蒸して搗いた餅で白餡を包み鶉形に作ったもの。

太平喜餅酒多多買
歌川広重画　天保十四年―弘化三年（一八四三―四六）頃　味の素食の文化センター蔵

〈唐饅頭〉小麦粉に卵と砂糖をまぜてこねた皮に餡を包み、まるく扁平に焼いたもの。

〔酒〕酒軍のなかに酒銘が文字で見えるのは、玉緑・男山・泉川・老松などで、商標では剣菱・紙屋の菊・七ツ梅・三つうろこ・三国山などがあり、いずれも江戸で人気のあった伊丹《いたみ》の酒です。江戸の酒は楯に書かれた、「瀧水」「明月」「宮戸川」などで評判は低く、江戸で人気のあったのは豊島屋の白酒だけでした。

『日本山海名産図会』も「摂州伊丹酒造」として醸造について詳述し、左下の図のように伊丹酒の商標を図示しています。

『守貞謾稿』には酒について「今世は摂州伊丹、同池田、同灘《なだ》を第一の上品とし、また醸造家多く、はなはだ昌なり。」「伊丹・池田・灘等より江戸に漕す酒を下《くだ》り酒といふ。天保府命前、下り酒の樽数、毎年おほむね八、九十万樽。天保以来、非官許の遊里を没し、また市中も昌ならざるが故に、その費自づから減じ、今は四、五十万あるひは三、四十万樽にて、江戸中飲用に足る。また別に、江戸近国近郷にて醸す物を地廻り酒といふ。この数大略、十万樽と聞けり。」とあり、江戸で消費する下り酒の大量なことに驚きます。この後大型船で酒を江戸へ送るのに便利な灘が、伊丹・池田にかわって第一の銘醸地となります。

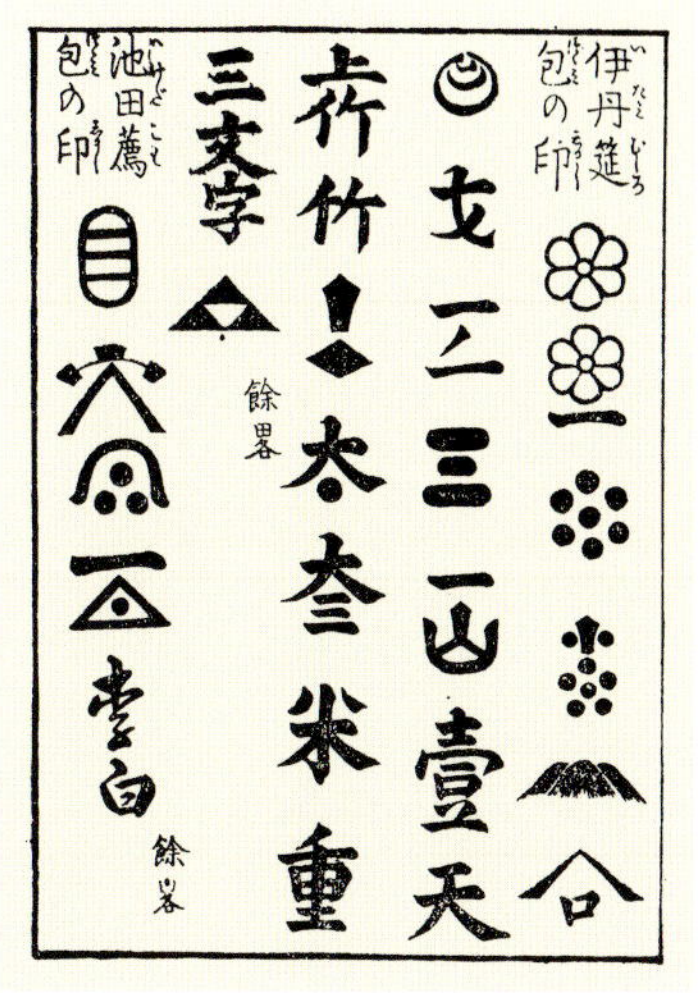

伊丹酒、池田酒の商標『日本山海名産図会』

江戸の美味

海苔・白魚

【海苔《のり》】海苔は海中の岩などにつく苔《こけ》状の海藻で、生のままでも食べますが、多くは紙のように抄《す》いて、抄き海苔として食用にします。

抄き海苔の原料となる海藻は、紅藻類ウシケノリ科アマノリ属で、アサクサノリ・マルバアサクサノリ・スサビノリ・コスジノリなど数種あり、波の静かな内湾で生育し、養殖乾海苔《ほしのり》の原藻となっています。このほかクロノリ・マルバアマノリなどは外洋の荒波の中で育つ岩海苔で、この両方を昔から甘海苔と呼んで食用にしてきました。

紙のように抄いた抄き海苔の製造が浅草で始まったのは享保（一七一六―三六）の頃で、浅草は観音様の門前町だったために浅草海苔は浅草の名物になりましたが、その原料の多くは品川の海でとれた生海苔でした。『日本山海名物図会』（一七五四）には、浅草海苔について「此のり元武州品川の海に生ず。品川のりという。浅草のりは品川にて取たるを、此所にて製したる也。」とあります。

【品川海苔】海苔の養殖は品川の海で始まりましたが、その時期については定かではありません。一説では元禄年代から品川の海にノリヒビ（木の枝や笹竹を海中に建てて海苔を付け育てるもの）が立ち始め、享保二年（一七一七）に養殖場の基礎が出来、延享三年（一七四六）頃には品川の海全域に拡大したといわれています。天明（一七八一―八九）の頃になると、抄き海苔製造の中心が浅草から品川に移り、品川で製造しても浅草で売れば浅草海苔、品川で売れば品川海苔と呼ばれるようになりました。下右の絵の火鉢で海苔をあぶる女性の向こうに見える海にはノ

江戸自慢三十六興　品川海苔
三代歌川豊国・二代歌川広重画　元治元年（一八六四）　国立国会図書館蔵

リヒビが沢山見えます。

【白魚《しらうお》】江戸時代の隅田川は水が清く、白魚の名所でした。『守貞謾稿』にも「白魚は江戸隅田川の名物とす。細かき網をもってすくひとる。夜は篝《かがり》してこれを漁《すなど》る。」とあります。下の絵の中央の女性が持っているのは網のようですし、右端の船頭の後に、四角い四手網《よつであみ》が見えます。四手網は敷網の一種で、川の中に沈めておき、時々引き上げて中に入った魚をすくいとるものです。白魚漁の中心は河口の佃島で、「佃島女房は二十筋かぞへ」の句があり、白魚は二十尾を「一ちょぼ」と呼んで売買の単位でした。

白魚は白色透明で、全長十センチ程の細長い優美な姿の魚で、サケ目シラウオ科です。白魚《しろうお》はスズキ目ハゼ科の魚で別種のものですが、似ているのでよく混同されています。

また、白魚《しらうお》といえば歌舞伎の『三人吉三巴白浪《さんにんきちさともえのしらなみ》』の「大川端庚申塚の場《おおかわばたこうしんづか》」の台詞《せりふ》を連想します。「月も朧《おぼろ》に白魚《しらうお》の篝も霞む春の空　つめてえ風もほろ酔いに　心持よくうかうかと　浮かれ烏《がらす》のただ一羽　塒《ねぐら》へ帰る川端で　棹の雫《しずく》が濡手で粟　思いがけなく手に入る百両……」はお嬢吉三《じょうきちさ》の名調子です。お嬢吉三、お坊《ぼう》吉三、和尚《おしょう》吉三の三人は盗賊（白浪）で、因果のからみあった話の筋はわかりにくいのですが、この台詞はよく知られています。

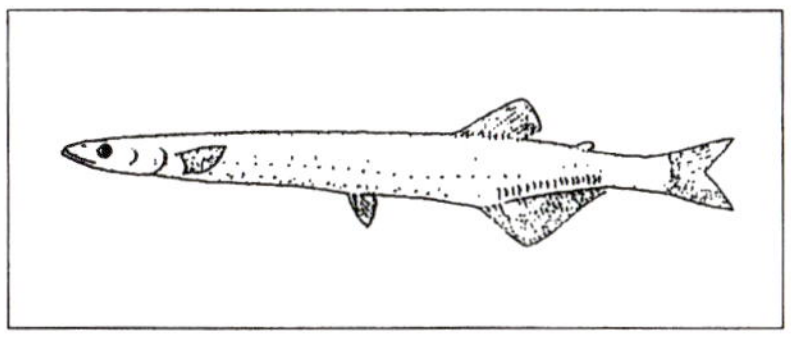
シラウオ

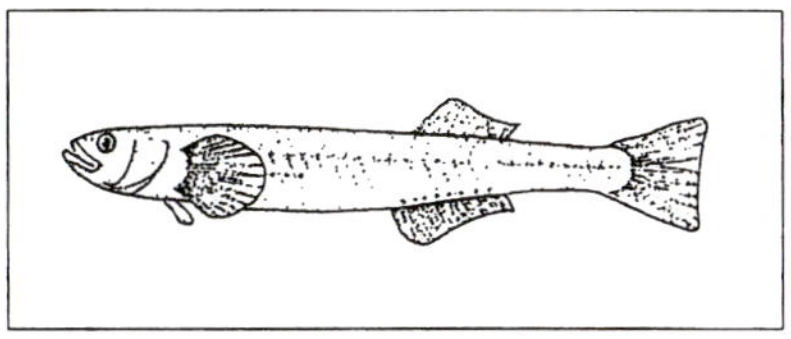
シロウオ

隅田川夜渉しの図　豊原国周画　安政二年（一八五五）　国立国会図書館蔵

江戸の美味

初鰹

〔江戸の初鰹《はつがつお》〕初鰹の出始めは四月頃(現在の五月頃)で、この季節は青葉が美しく、山では時鳥《ほととぎす》の初音《はつね》が聞かれ、

江戸中期の俳人山口素堂の「目には青葉山ほととぎす初鰹」の有名な句があります。江戸時代には魚介類や野菜類の初物の高値を制限するために、売り出し時期の禁令がたびたび出されています。元禄六年(一六九三)の禁令には「正月、ます・生椎茸・ねいも　但《ただし》生椎茸四月迄也。二月、防風・つくし。三月、めじか・たで・あい黒・しそ・生わらび・葉せうが。四月、あゆ・竹の子・かつを・ばん。五月、茄子・白ふり(白瓜)・青さぎ・枇杷《びわ》。六月、真桑瓜・ささげ・りんご・雲雀《ひばり》。七月、ぼと(ぼと鴫《しぎ》)・きんかん・くねんぼ・みかん　但此三種七月拂底也。八月、なまこ・かき・鮭・めうど・初茸・松茸・しめじ・ぶどう・梨・かも・がん。九月、かも・きじ。十月、しらうお。十一月、あんかう・馬刀《まて》・生鱈。十二月、うど。」とあり、売り始めてよい月が書かれています。

鰹は四月が売り始めの時期ですが、江戸では幕府の定めより以前の初鰹が、闇ルートで高値で取り引きされました。とくに明和・安永(一七六四—八一)の頃から、文化・文政(一八〇四—三〇)の頃には、江戸の初鰹志向は熱狂的で驚くような高値でした。

上方には初鰹への熱狂はなく、江戸で騒がれたのは、天文六年(一五三七)の夏に北条氏綱《うじつな》が小田原沖で鰹釣りの見物をしていた時に、一尾の鰹が氏綱の船に飛び込み、戦に「勝つ魚《うお》」が飛び込んだと喜び、戦場への門出の酒肴《しゅこう》に鰹を用いるようになり、徳川氏もこれにならって鰹を縁起のよい魚とし、江戸市民にも伝わったのも一因といわれています。

〔初鰹の値段〕初鰹の高値については、蜀山人《しょくさんじん》(大田南畝《なんぽ》)の『壬申掌記《じんしんしょうき》』

十二月の内　卯月　初時鳥　三代歌川豊国画　味の素食の文化センター蔵

にあるという次の話がよく引用されています。「文化九年（一八一二）三月二十五日に初鰹十七本を積んだ早船が日本橋魚河岸に入った時、六本は将軍家へ御用献上され、三本は八百善《やおぜん》が二両一分《ぶ》ずつで入手し、魚屋へ渡った八本のうちの一本を、三代目中村歌右衛門が三両で買い下積み役者に振舞った。」一両を現在の金額に換算することは難しいのですが、一両をおよそ九万円とすると、一分は一両の四分の一ですから、八百善では一本約二十万円、歌右衛門は二十七万円で買ったことになります。当時の下女（お手伝いさん）の年給が最高二両だったといいますから初鰹の高値がわかります。しかし驚くような初鰹の高値も文化・文政（一八〇四—三〇）の頃までで、その後は喜多村香城の『五月雨《さみだれ》草紙』によると「初鰹の値は目の下一尺四五寸のものにて価金百疋（一分）ぐらいにて、追々盛漁にしたがひ下落して二百五十文位に至る。」とあり、一文を十五円で計算すると二百五十文は三千七百五十円になります。初鰹が高値の時代でも、走りの時期が過ぎると日毎に値が下がり、庶民でも思い切って買ってしまい、「初鰹人間わづかなぞと買い」「初鰹女房に小一年いわれ」などの川柳があります。

〈絵の説明〉 下右の絵は大きな商家の台所らしく、長屋の台所（90頁参照）とは違って立派です。左奥には飯櫃《めしびつ》、その手前の深鉢は盃洗《はいせん》で、朱塗りの盆には小皿と箸《はし》がのせてあります。中央では鰹をおろしており、後はかまどで薪《まき》と火消壺が見えます。右側の女性は酒樽から片口《かたくち》に酒を注いでおり、手前には酒の燗《かん》をする「ちろり」があります。

下左の絵では朝霧の向うに増上寺が見えます。女性二人は旅姿で右端に飛脚《ひきゃく》がいますから、道は東海道のようです。中央の魚売りの天秤棒《てんびんぼう》の前の半台には鰹、後の半台には鯛《たい》が見えます。近くの芝浦は当時は海で、とれた小魚を芝魚と呼んでいました。

東都三十六景　増上寺朝霧　歌川広重画　国立国会図書館蔵

江戸の美味

刺身

〔魚介類の生食《なましょく》〕江戸の美味の一つとして刺身をあげたのは、錦絵の料理としては大抵刺身が描かれていたからです。絵師の嗜好や描きやすさもあると思いますが、江戸の人々の第一のご馳走が刺身だったのではないでしょうか。左の三枚続きの錦絵にも、中央手前に大皿にすだれをのせて、つま（添え物）と共に盛った刺身が見えています。江戸時代には生魚の輸送・保存は困難で、海に近い江戸や大坂などの大都市でも、生魚を売る魚売りは鮮度が落ちないように走っていたといいますから、刺身には現在では想像できない憧れがあったのではないかと思います。民俗学の名著といわれる瀬川清子著『食生活の歴史』（一九五七）には、山口県見島の漁業について「安政の頃の『地方磯物上納』の控を見ると、広海苔・雲丹・和布・大番鮑・塩切小鯛・俵物干鮑の類で、百年前の見島は魚が沢山とれるので魚島といわれても、地方《じかた》に輸送するものは、こんな干物や塩物ばかりで、それも藩の方で塩の心配をしてやったようである。島の古老に聞くと廃藩後、つまり明治時代になって島に魚問屋ができてからも、船の出る頃にとれたものは、無塩《ぶえん》（生魚）で出したが、氷といえば、北海道氷といって北海道か樺太《からふと》から運んでこなければならないもので冷蔵することがむずかしかった。島の問屋が生簀《いけす》を発明したのは明治の終わり頃のことで、その頃から生魚もぽつぽつ出すようになった。」とあります。また庶民の魚食について「米の飯と魚が、庶民の平常の日の食膳に上るようになったのは想像以上に最近の現象であった。世界の三大漁場の海の中に浮かぶ島国ではあるが、山の多い交通の不便な日本の国の村人は、久しい年代の間、盆と正月と祭日の節日《せちび》にだけ米の飯と魚を食べていたのである。しかもふしぎな事は、こうした不如意な事情にありながらも、人の往来の稀な山間僻地の村々までも、田植魚、盆肴、正月肴を是非なければならないものにして、節供々々には必ず海のものを食膳にそなえる事を怠らない伝統をもっていたということである。」長文の引用になりましたが、錦絵の題材が江戸や都市にかたよっており、幕末の地方の漁業の状態や、山村の庶民の魚食の実態を紹介するためです。

〔刺身の歴史〕魚介類を生食する料理には刺身となますがあります。なますは奈良・平安時代からあり、『万葉集』巻十六の「鹿のために痛を述べて作る」歌には「我《あ》が肉《しし》は　み膾《なます》はやし　我《あ》が肝《きも》も　み膾《なます》はやし」とあり、鹿の肉や肝をなますにしたことが歌われています。膾の文字の月（にくづき）は獣肉を用いたからで、魚を主材料にするようになって鱠《なます》と書くようになったといいます。なますはこのように獣肉や魚介類を

當世娘評判記　三代歌川豊国画　国立国会図書館蔵

京坂・作り身『守貞謾稿』

江戸・差身

生のままで細かく刻み、それを酢で和《あ》えて食べたので生酢《なます》ともいわれています。刺身はなますの一種として室町時代から作られるようになったもので、なますよりも材料を厚く切り、調味料を添えて供するものを刺身と呼ぶようになりました。小山田与清《ともきよ》の随筆集『松屋筆記《まつのやひっき》』に「膾に刺身といふ名目おこり、製法も一種出来たるは、足利将軍の代よりの事なるべし。」とあります。漢字では刺身のほか、指身・指味・差味・差躬などとも書きます。

　刺身の材料はおもに魚介類ですが、『料理物語』には、鳥類・茸類・青物（野菜）なども材料としてあげており、生またはゆでた材料に調味料をつけて食べるものを総称して「さしみ」と呼んでいます。

江戸の刺身『守貞謾稿』には刺身について「京坂は惣じて作りみ、斬目正しからず、斬肉を乱に盛る。」「江戸は庖丁はなはだ精工にて斬目正しく、斬肉の正列に盛るを良とす。」として上の図のような挿絵を添えています。江戸で人気の初鰹《はつがつお》も刺身にし、「井戸端で見せびらかして刺身をし」の句もあり、「梅に鶯かつほにはからしなり」ともあって、鰹の刺身には辛子が付き物で、辛子味噌や辛子酢などを添えたようです。

　『守貞謾稿』はまた、江戸にあって京坂にない生業として刺身屋をあげています。「鰹およびまぐろの刺身を専らとし、この一種を生業とする者諸所に多し。銭五十文、百文ばかりを売る。麁製《そせい》（粗製）なれども料理屋より下直《げじき》（安価）なる故に行はる。」なお百文はおよそ千五百円ほどです。

江戸の美味

すし

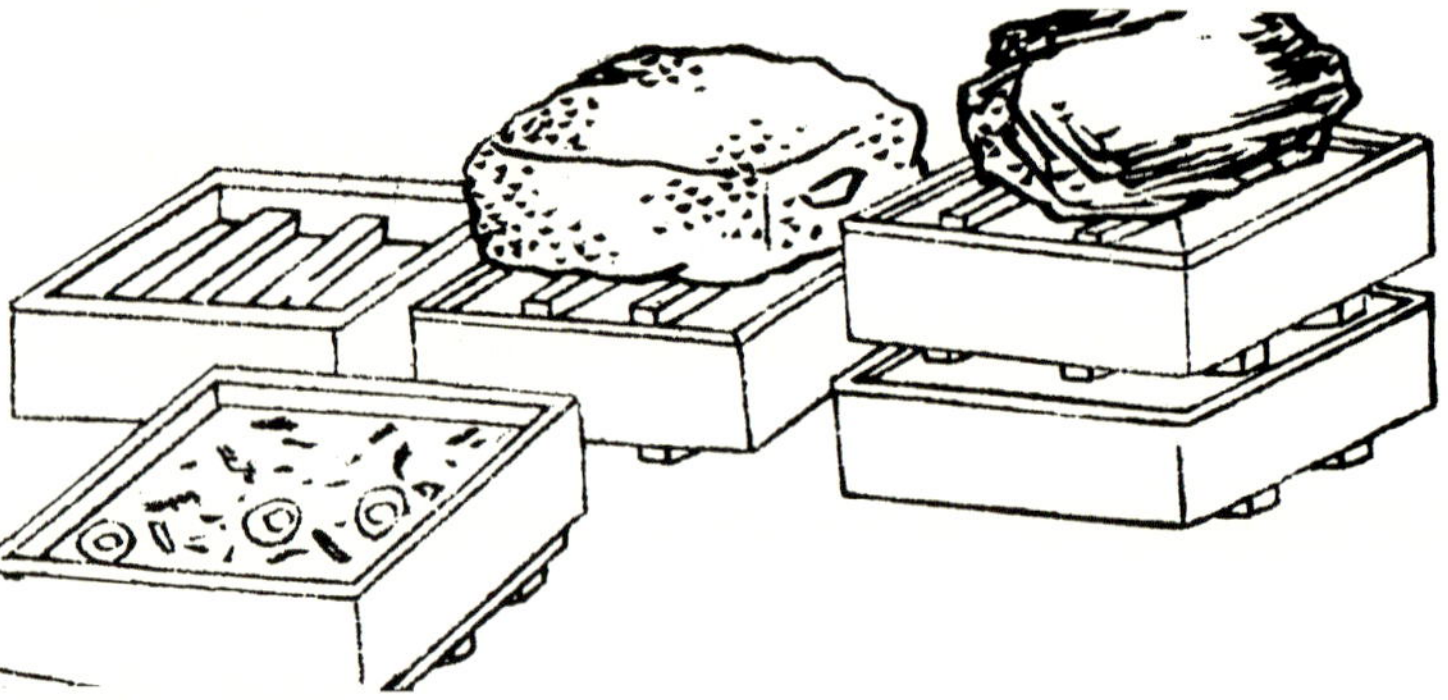

『素人包丁』初編

〈すしの歴史〉すしの始まりは魚の貯蔵法で、塩漬にした魚を米飯に漬けて重しをしておくと、米飯は自然発酵で乳酸を生じて腐敗菌の繁殖をおさえ、乳酸は魚肉に浸透して魚は酸っぱくなります。魚自体も漬け込んでいる間に自己消化を起こし、たん白質は分解されて旨味《うまみ》のあるアミノ酸などを生成するのでおいしくなります。このようにして出来たすしは「馴《な》れずし」とよばれましたが室町時代以降は次第にすたれ、現存するのは滋賀県の鮒《ふな》ずしです。

〈馴れずし〉鮒ずしは鮒の大きさによって漬ける期間は数ヵ月から二年にもなるので、米飯は酸味の強い粥のようになり、魚だけを食べるものです。奈良時代の『養老賦役令《ようろうふえきりょう》』には鰒鮓《あわびすし》、貽貝《いがい》鮓、雑鮨があり、鮓と鮨は同義とされていますが、『奈良朝食生活の研究』（一九六九）には、飯の中に魚介類を入れたものが鮓で、魚介類の中に飯をつめたものが鮨と区別したのではないかとしています。平安時代の『延喜式《えんぎしき》』にも貢納品として鮨年魚《あゆ》・鮨鰒・貽貝鮨・鮒鮨・猪鮨・鹿鮨などがあり、奈良・平安時代のすしは馴れずしでした。

〈生成《なまなれ》〉室町時代になると漬け込み期間の短い半馴れの生成が作られるようになります。生成は漬け込み期間を短く、一ヵ月から数日にして、米飯に乳酸発酵による酸味が出たところで魚肉も米飯も食べるもので、魚がまだ生々《なまなま》しいので生成といいます。

〈早ずし〉江戸時代に入ると、初期には馴れずしや生成も作られていましたが、延宝（一六七三―八一）の頃に、発酵の酸味によらず、飯に酢を加えて作る早ずしが考案されてすしの主流となり、箱ずしや巻ずしが作られるようになりました。下の絵は『素人包丁』一編（一八〇三）の中の挿絵です。下の絵のように、すし飯を箱型の枠に詰めて、上に魚介類などの具を並べ、押し蓋で押して作るすしを「箱ずし」「押しずし」と呼び、型から抜いて適当な大きさに

『素人包丁』初編

切るところから「切りずし」ともいいました。箱ずしの一種で、薄く切った魚肉や貝肉、卵焼、煮た椎茸などを、こけらぶき（薄い木片のこけら板でふいた屋根）のように、箱型の枠に詰めたすし飯の上にのせて押したものを「こけらずし」と呼びました。また「丸ずし」（姿ずし）と呼ぶ、頭をつけたままの魚を背開きか腹開きにし、骨をとって塩をしてから酢じめにし、腹にすし飯を詰めて、もとの形に整えたすしの場合は、枠に並べてから右頁上図右端のように重石《おもし》を置きました。

江戸後期の文政年間（一八一八―三〇）には、江戸で握りずしが始まり大流行しました。

【子福長者の絵】 下の絵は三枚続きのうち右側の二枚で、左下には握りずしの皿があります。右上には「安宅の本店　平右衛門町　鮓松　子福長者様」とあり、安宅の松の鮓のようです。人物は役者の似顔絵なので、石橋先生に解説していただきました。「安宅の松の鮓（この当時は浅草平右衛門町に移転）から、子福者である五代目海老蔵（のちの七代目団十郎）に鮓が贈られたという設定で描かれた絵です。大勢の子宝に恵まれた子福長者海老蔵が、子供たちと友人に囲まれた日常の姿を描いたものです。左奥が猿蔵（海老蔵の四男）、その手前の羽織を着た前髪が河原崎家に養子に行った権十郎（五男）、その右が海老蔵本人、手前の幼児があかん平（七男）、右の図の左奥が高麗蔵（三男）、手前で助六の絵を描いているのが八代目団十郎（長男）、右端が門弟筆頭の九蔵です。」

【握りすし】 すしは馴れずしに始まって発酵期間の短い生成が作られ、江戸時代に入って飯に酢を加える早ずしが考案され、箱ずしや巻ずしも作られるようになります。『嬉遊笑覧《きゆうしょうらん》』には「文化の初《はじめ》ごろ、深川六軒堀に松が鮓とて出き行はれて、世上の鮓一変しぬ」とあります。

子福長者　三代歌川豊国画　嘉永五年（一八五二）　国立劇場蔵

これを握りずしの出現とする説もありますが、断定するには無理があるようです。また『守貞謾稿』には「文政の末ごろより、戎《えびす》橋南に松の鮓と号《なづ》け江戸風の握り鮓を売る」とあり、文政の末頃には大坂の戎橋南で、江戸風握りずしを売っていたのは事実のようです。川柳では「妖術といふ身で握る鮓の飯」（『柳多留』文政十年）という句があり、妖術使いが印を結ぶときの手つきが握りずしを握る手つきと似ているとしています。握りずしを握る手つきは現在でもその通りですから、文政十年（一八二七）に握りずしが売られていたことは確かなようです。

『守貞謾稿』には「すしのこと、三都とも押鮓なりしが、江戸はいつ比《ごろ》よりか押したる筥鮓《はこずし》廃し、握り鮓のみとなる。筥鮓の廃せしは五、六十年以来やうやくに廃すとなり。」とあり、握りずしについて左頁のような挿絵を添えて次のように記しています。「江戸、今製は握り鮓なり。鶏卵《たまご》焼・車海老・海老そぼろ・白魚・まぐろさしみ・こはだ・あなご甘煮長のまゝなり。以上、大略、価八文鮓なり。その中、玉子巻は十六文ばかりなり。これに添ふるに新生薑《しょうが》の酢漬、姫蓼《ひめたで》等なり。」また鮓屋について「江戸は鮓店はなはだ多く、毎町一、二戸。蕎麦屋一、二町に一戸あり。鮓屋、名あるは屋体見世を置かず、普通の見世は専らこれを置く。また屋たいみせのみにて売るも多し。江戸鮓に名あるは本所阿武蔵の阿武松のすし、上略して松の鮓といふ。天保以来店を浅草第六天前に遷す。また呉服橋外に同店を出す。東両国元町与兵衛鮓。へっつい川岸《がし》毛抜鮓は、一、弐文にて各々笹巻にす。巻きて後、桶に積み、石をもってこれを圧す。深川横櫓小松鮓。」とあります。

〈屋体見世〉『守貞謾稿』には、すし屋は屋体見世が多いとあり、左頁下のような「屋体見世の図」もあり、概略次のように説明しています。「店の庇《ひさし》の下や橋のたもとなどに板小屋を建てて商売する店を、出し店、床《とこ》

東都名所高輪二十六夜待遊興の図
歌川広重画　天保三―五年（一八三二―三四）頃　神奈川県立博物館蔵

見世といい、移動する時は解体する。下図のような屋体見世は形のまゝ移動し、鮓屋、天麩羅屋が多く、夜に人の往来の多い所には毎町各三、四ケある。」なお屋体の文字には屋躰、屋台もあり、現在は屋台が普通です。

〈握りずしの作り方〉握りずしは店や屋台で食べるものでしたから、当時の料理書にも作り方は見当たりません。すしの作り方を詳述した『名《めい》飯部類《はんぶるい》』も文政以前の刊行ですから握りずしはありませんが、こけらずしの中にすし飯の作り方があります。要約すると「精白米一升に水一升、塩五勺を加えて炊く。飯を広い器に移してさまし、押しずし用の箱に竹の皮を敷いて詰め、その上から酢を振りかける」とあり、塩は炊き水に加え、酢は箱に詰めてから振りかけ、砂糖は加えていません。塩の分量は現在の約三倍です。握りずしでは酢は飯に混ぜたと思いますが、すし飯は現在とは違う味だったようです。握りずしには二種類あり、店のすし屋では注文のすしが中心で、客の食べる時刻に合わせてすし種に下処理をして味をつけ、屋台のすしでは手間をはぶいて下処理なしのすし種を使い、食べる時に醤油を付けたようです。

〈高輪二十六夜待〉二十六夜待（19頁参照）は信仰に始まり次第に庶民の遊興の行事になりましたが、天保の改革の規制で衰微しました。下の絵は規制以前の高輪の賑わいで、掛茶屋や屋台が並んでいます。食べ物屋は右から水菓子（果物）屋、握りずしの屋台、冷水売り、いか焼、天ぷら、二八そば、麦湯、だんご、汁粉屋などです。すし屋の屋台のすしの横の丼は、醤油の器に見えます。

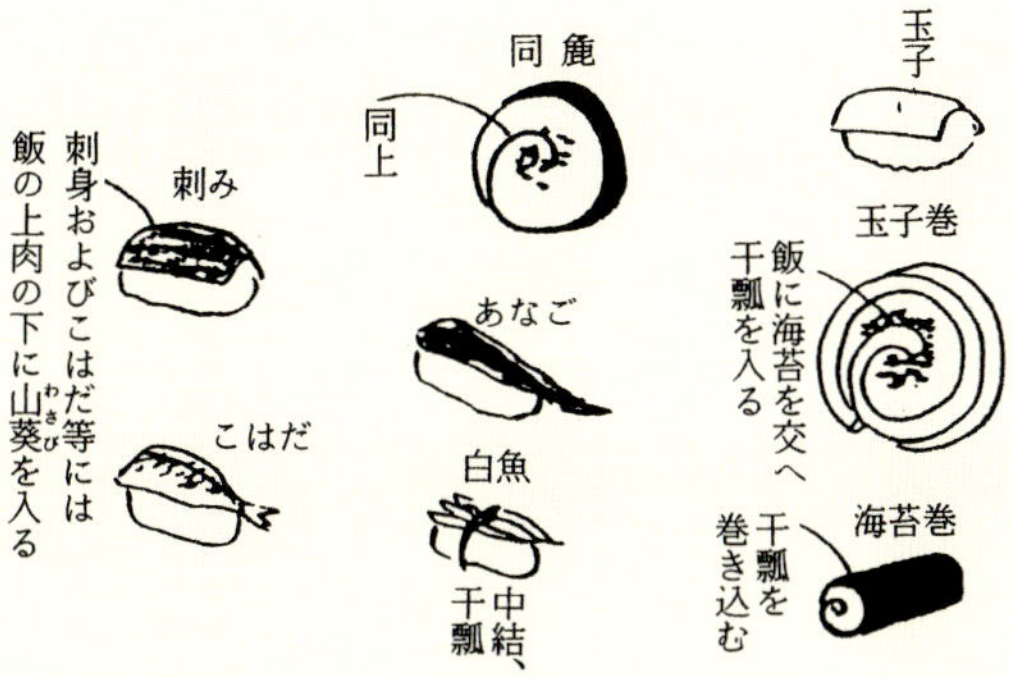

握りずし『守貞謾稿』

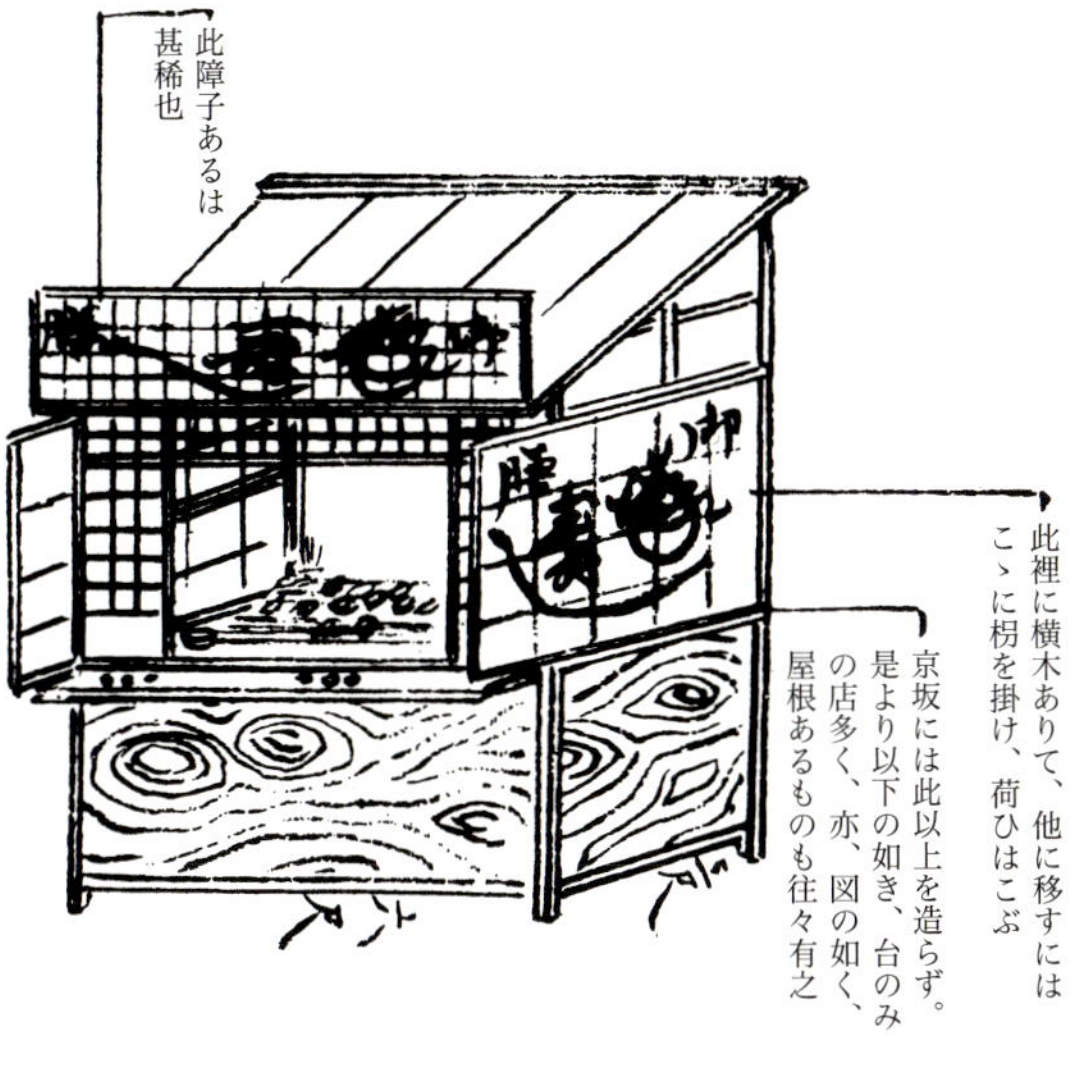

屋体見世の図『守貞謾稿』

田楽

〔田楽《でんがく》〕田楽は田楽焼の略称で、豆腐に串をさして、味噌を付けて焼いたものが始まりなので、田楽といえば豆腐田楽のことでした。後に蒟蒻《こんにゃく》、茄子、里芋なども田楽の材料となり、魚の田楽は魚田《ぎょでん》と呼ばれました。田楽の名は、豆腐に串をさした形が、田楽法師（田植の時に田の神をまつる田楽舞の法師）が一本足の竹馬のような高足《たかあし》に乗って踊る姿と似ているところからといわれています。

田楽はいつ頃からあったのでしょうか。川上行藏先生の『つれづれ日本食物史』第三巻の中に「田楽の一番古い記録は『蔭涼軒日録《いんりょうけんにちろく》』の永享九年（一四三七）七月五日の『今日より御精進日毎に田楽豆腐を献ず可しとの由命ぜらる』とある」とあります。

豆腐売り　『守貞謾稿』

〔田楽茶屋〕下の田楽茶屋の絵では、中央の女性が串にさした豆腐を並べて焼いており、ご飯炊きや食器の準備など忙しそうです。手柄岡持《てがらのおかもち》の『後《のち》は昔物語』（一八〇三）には「真崎《まつさき》の稲荷はやり出て、田楽茶屋の出来たるは、我二十二、三歳（宝暦六、七年）の頃なるべし。」とあり、宝暦六、七年（一七五六、五七）に真崎稲荷の周辺には甲子屋《きのえね》・若竹屋・川口屋・玉屋・いね屋・仙石屋・きり屋・八田屋などの店があったが、甲子屋の田楽が一番よいとしています。真崎稲荷への参詣のほか、新吉原に近かったことも繁盛の一因だったようですが、真崎の神威の衰えと共に田楽茶屋も衰えたとあります。

田楽茶屋　『百人女郎品定』

幕末には『守貞謾稿』によると、豆腐田楽を名物とするところはなく、東海道目川の田楽も今は衰えて食べる人が少ないとしていますが、京坂と江戸の田楽の違いについて「京坂の田楽串は股あるを二本用ふ。江戸は股なしを一本貫くなり。京坂は白味噌を用ひ、江戸は赤味噌を用ふ。各砂糖を加へ摺るなり。京坂にては山椒の若芽を味噌に摺り入る。江戸は摺り入れず上に置くなり。各木の芽田楽といふ。江戸、夏以後はからし粉を煉りて上に置く。」としています。

【江戸の豆腐】下の絵は三枚続きの中央の一枚で、豆腐を切る女性、焼き上がった田楽を運ぶ女性がいますが、三枚のうち右図には炭火で田楽を焼く女性、左図には客の女性三人が描かれています。俎《まないた》の上の豆腐が現在のものにくらべて大きく硬そうに見えますが、『豆腐百珍続編』（一七八三）には、田舎には藁《わら》に通して持ち運ぶ硬い豆腐があったとあり、一般に当時の豆腐は硬かったようで、料理書でも田楽の作り方で豆腐はそのまま切っています。『守貞謾稿』には江戸と京坂の豆腐の違いについて「今製京坂柔かにて色白く味美也。江戸剛《かた》くして色潔白ならず味劣れり。然も京坂に絹漉豆腐というは柔《やわらか》にして同価也。絹漉にあらざるも持ち運ぶには器中水を蓄へ浮べて振らざる様に携《たずさ》へざれば忽ち壊れ損ず。江戸は水なくても崩るること稀也。」とあります。当時の豆腐はおもに現在木綿豆腐と呼ぶもので、豆乳に凝固剤を加えて凝固させてから、孔のある型箱に布を敷いた中に流し入れて上澄みを流出させ蓋をして暫《しばら》く重しをして作ります。絹漉しは濃い豆乳に凝固剤を加え、そのまま孔のない型箱に入れて凝固させるもので、滑らかなので絹漉しといいます。

豆腐田楽を作る美人　初代歌川豊国画　享和（一八〇一―一八〇四）頃　味の素食の文化センター蔵

江戸の美味

天麩羅

〔てんぷらの名称〕 てんぷらは漢字で天麩羅と書きますが、その起源については定説がありません。天竺《てんじく》浪人が、ぶらりと江戸に出て来て始めたから天麩羅とする『蜘蛛《くも》の糸巻』（一八四六）にある山東京伝命名説、天麩羅阿希《あぶらあげ》からという『虚南留別志《うそなるべし》』（一八四三）の説、また南蛮語のテムポラ説、テムペロ説、テムプロ説などもあります。

また、現在でも関東地方で「さつま揚げ」と呼ぶ、魚の摺り身を油で揚げたものを、関西では「てんぷら」と呼ぶ地域がありますが、『守貞謾稿』にも、京坂では魚の摺り身を油で揚げたものを「てんぷら」と呼び、江戸のてんぷらは「つけ揚げ」というとあります。

風俗三十二相　むまさう　嘉永年間女郎の風俗
月岡芳年画　明治二十一年（一八八八）　味の素食の文化センター蔵

〔料理書の天ぷら〕 江戸時代の料理書で、てんぷらの作り方の初出は、私の知る範囲では『黒白精味集《こくびゃくせいみしゅう》』ですが、この本は写本（手書きの本）のため、刊本として普及した『歌仙の組糸』（一七四八）の方がてんぷらの初出として知られています。『黒白精味集』中巻五の煮物の中に「唐料理」があり、その一つとしててんぷらがあります。

「てんぷら　鯛をおろして切目にして暫く塩をあて洗いて　うんどんの粉を玉子にてねり　右の鯛を入れくるみ　油上《あげ》にして　汁だし醤油にて塩梅《あんばい》して出す　鯛をうんどんの粉ばかりにくるみ　油上にもする也。」切目は切身、うんどんの粉はうどん粉（小麦粉）です。汁とあるのは天つゆのようにも思われます。唐料理としてあるので、長崎に始まるもののようです。ちなみに『歌仙の組糸』のてんぷらは次の通りです。「てんぷらは何魚にても温飩《うんどん》の粉まぶして油にて揚る也。但前にある菊の葉

「近世職人尽絵詞」の一部
鍬形蕙斎（北尾政美）画　文化二年（一八〇五）　東京国立博物館蔵
Image:TNM Image Archives　Source:http://TnmArchives.jp/　

てんぷら又牛蒡　蓮根　長いもその外何にてもてんぷらにせん時は　温飩の粉を水醤油とき塗付て揚る也　常にも右の通にしてもよろし　又葛の粉よくくるみて揚るも猶よろし。」

【屋台のてんぷら】『三田村鳶魚《えんぎょ》全集』の「江戸の食生活」によると、江戸の街頭にてんぷらの屋台が出始めたのは天明五年（一七八五）頃のようです。てんぷらは油で揚げるために煙やにおいが出るので、屋外の屋台の方がよく、自宅で売る場合も家の前に屋台を置いていました。てんぷら屋の店が出来たのは嘉永（一八四八—五四）の頃といいます。

屋台のてんぷらの材料は『守貞謾稿』には「あなご・芝えび・こはだ・貝の柱・するめ」とあります。揚げ油はおもに胡麻油が使われていました。

【「近世職人尽絵詞」】上の絵は版画の錦絵ではなく、巻物の絵の一部です。「近世職人尽絵詞」は、江戸の庶民の生活が生き生きと感じられる最高の絵であり、天麩羅屋の隣の「するめ屋」も「四文屋《しもんや》」も、てんぷらとは関係ありませんが掲載することにしました。

天麩羅屋の屋台の屋根の上には「うるまいもの　あぶらにあげたるも候　たこの入道の　うとむのこの　ころもきせたるも候ぞ」と書いてあります。「うるまいも」はさつまいもの方言で、「うとむのこ」はうどんの粉です。さつまいものから揚げと、たこのてんぷらを売っているようです。子供が丼鉢に指先を入れているのは、てんぷらに天つゆをつけているらしく、その右の大皿には串ざしが並んでいます。屋台のてんぷらは串にさしても食べたようです。四文屋は何でも一品四文で売る店のことで、この屋台は一つ四文の食べ物を売っているようです。明和五年（一七六八）に新しく四文銭がつくられてから流行し、『飛鳥川《あすかがわ》』には「煮肴にしめ菓子の類　四文屋とて両国は一面、柳原より芝までつゞき大造なる事也」とあります。

江戸の美味

蒲焼

〔蒲焼の語源〕うなぎの料理法といえば蒲焼が第一ですが、蒲焼の作り方は室町時代のものといわれる『大草《おおくさ》家《け》料理書』に次のようにあります。「宇治丸《うじまる》（うなぎ）かばやきの事　丸にあぶりて後に切也　醬油と酒と交《まぜ》て付る也　又山椒味噌付て出しても吉也。」このように丸のまま縦に串にさして焼いた形が蒲の穂に似ていたのが蒲焼の語源といわれています。うなぎを丸ごと焼く蒲焼は火の通りも悪く、おいしくなかったようで、江戸時代になると、うなぎは開いて串にさして焼くようになります。

『和漢三才図会』には開いて焼くうなぎの蒲焼があり、その頃からのものと思われます。『傍廂《かたひさし》』（一八五三）には「昔は蒲焼もうなぎの口より尾まで、竹串を通して塩焼にしたるなり。今の魚田楽《うをでんがく》の類なり。さるを、今背より開きて竹串にさしたるなれば、鎧《よろい》の袖、草摺《くさずり》には似れど、蒲の穂には似もつかず。名儀は失へれど、味は無双の美味となれり。これはいにしへにも遥にまされり。わきてこの大江戸なるを極上品とせり」とあります。

〔江戸前のうなぎ〕現在は江戸前といえば江戸風の意味で使われていますが、もとは「大川（隅田川）より西、御城より東」の江戸城前面の地域をさす言葉でした。江戸前の海や川でとれる魚には、しらうお・あじ・きす・さより・あなごなどがありますが、当時の江戸前の代表はうなぎでした。『物類称呼《ぶつるいしょうこ》』（一七七五）には、うなぎの項に「江戸にては浅草川（隅田川）深川辺の産を江戸前とよびて賞す。他所より出すを旅うなぎという。」とあり、江戸前のうなぎが珍重されました。

〔鰻屋《うなぎや》〕『守貞謾稿』の著者喜田川守貞は大坂から天保十一年（一八四〇）に江戸に移り住んだので、両者を比較した記述が多く、うなぎの蒲焼についてもその違いを指摘しています。「京坂は背より裂きて中骨を去り、首尾のまゝ鉄串三、五本を横に刺し、醬油に諸白酒《もろはくしゅ》を加へたるをつけてこれを焼き、その後首尾を去り、また串も抜き去り、よきほど斬りて大《おお》平《ひら》椀に納《い》れ出す。鰻蒲焼小一器銀二匁、中三匁。また山椒等を付す。」「江戸は腹より裂きて中骨および首尾を去り、能《よ》きほどに斬りて小竹串を一斬れ二本づゝ横に貫き、醬油に味淋酒を加へ、これを付けて焼き、磁器の平皿をもつてこれを出す。大小ともに串を異にし、一皿価二百文とす。必ず山椒を添えたり。」文中の諸白酒は蒸米もこうじ米も白米を用いた上等の酒のこと。大平椀は大きな煮物椀です。値段の銀二匁は二百文で、およそ三千円に相当します。引用文は『守貞謾稿』巻の五の「鰻屋」からのものですが、巻の六には「鰻蒲焼売り」として右図のような挿絵があり、京坂は道具を持ち歩き、鰻を裂いて焼いて売り、江戸は家で焼いたものを岡持《おかもち》という手桶に入れて売り歩くとし、京坂はうなぎの大骨をとらないので一串六文、江戸は大骨をとって一串十六文で売るとあります。さらに「京坂は鰻の腹を裂き、江戸は背をさくなり」としています。巻の五と六で

京坂鰻蒲焼売り　『守貞謾稿』

江戸鰻飯　『守貞謾稿』

はうなぎの裂き方が違っていますが、時代による変化もあるらしく、江戸も背開きになったのは寛政（一七八九―一八〇一）以後のことらしいと、本山荻舟著『飲食事典』にあります。

現在関東風蒲焼は、白焼にしたうなぎを蒸してから焼き、関西は蒸さずに焼きますが、白焼を蒸す手法の始まりの時期はよくわかっていません。『三田村鳶魚《えんぎょ》全集』の「江戸の食生活」の中に、『遊歴雑記』に十方庵が文政八年（一八二五）に越ヶ谷で、白焼を蒸してから焼いた蒲焼を食べた話があると紹介しています。

左の絵は店を構えたうなぎ屋で、調理場ではうなぎを裂き、座敷には客がいます。江戸には持ち歩きのうなぎ屋が多く、うなぎの店は天明期（一七八一―八九）からといいます。

〈鰻飯〉右頁の江戸鰻飯とあるのは『守貞謾稿』の鰻飯の挿絵です。本文には、京坂では「まぶし」、江戸では鰻丼飯を略して「どんぶり」といい、江戸では名のある鰻屋では売らず中以下の店で売っており、百文、百四十八文、二百文のものがあるとして「図のごとく朝顔形の丼鉢に盛る。鉢底に熱飯を少しいれ、その上に小鰻首を去り長《た》け三、四寸の物を焼きたるを五、六つ並べ、また熱飯をいれ、その表にまた右の小鰻を六、七置くなり。小鰻骨を去り、首も除き、尾は除かず。文久に至り諸価頻りに騰揚し、鰻魚もまたこれに准ずるにより、この丼飯といふ物も百銭・百四十八銭を売る家は最も稀となり、大略二百文のみとなる。必ず引き裂き箸を添ふるなり。この箸文政以来比《ころ》より三都ともに始め用ふ。」とあり、これが割箸の始まりといわれています。

江戸大かばやき　勝川春亭画　文化前期（一八〇四―一八一〇）　味の素食の文化センター蔵

江戸の美味

蕎麦

(江戸の蕎麦《そば》) 現在そばと呼ぶ麺は、江戸時代には「そば切り」と呼んでいました。そば切りが文献に初めて見られるのは『慈性日記』の慶長十九年（一六一四）の記事といわれ、その頃には作られていたようです。江戸初期の料理書では、そば切りのつなぎには飯のとり湯（おも湯）や摺った豆腐などを用いており、小麦粉の使用は『料理塩梅集《あんばいしゅう》』から見られるようになります。江戸初期に流行した蒸しそばは、さっとゆでてから蒸籠《せいろう》で蒸すもので、小麦粉が入らず茹でると切れやすかったためと考えられます。現在盛りそばを小さい蒸籠に盛るのは、蒸しそばの名残と考えられています。初めそば切りはうどんと共に菓子屋がこしらえて売り、後にうどん屋が出来てそば切りも売るようになりました。江戸ではうどんよりそば切りの方が好まれて、そば屋と呼ぶようになり、兼ねてうどんも売りました。下の絵は、そば屋が客に出す盛りそばの器で、『守貞謾稿』には次のような説明があります。「江戸は二八の蕎麦にも皿を用ひず。下図のごとき外面朱ぬり、内黒なり。底横木二本ありて竹簀《たけす》をしき、その上にそばを盛る。これを盛りといふ。だし汁かけたるを上略して、掛《かけ》といふ。かけは丼鉢に盛る。天ぷら・花巻・しっぽく・あられ・なんばん等、皆丼鉢に盛る。」文中の二八そばについては86頁に書きましたが、二八で十六文のところ、物価高騰のため慶応頃から二十文に値上げしています。

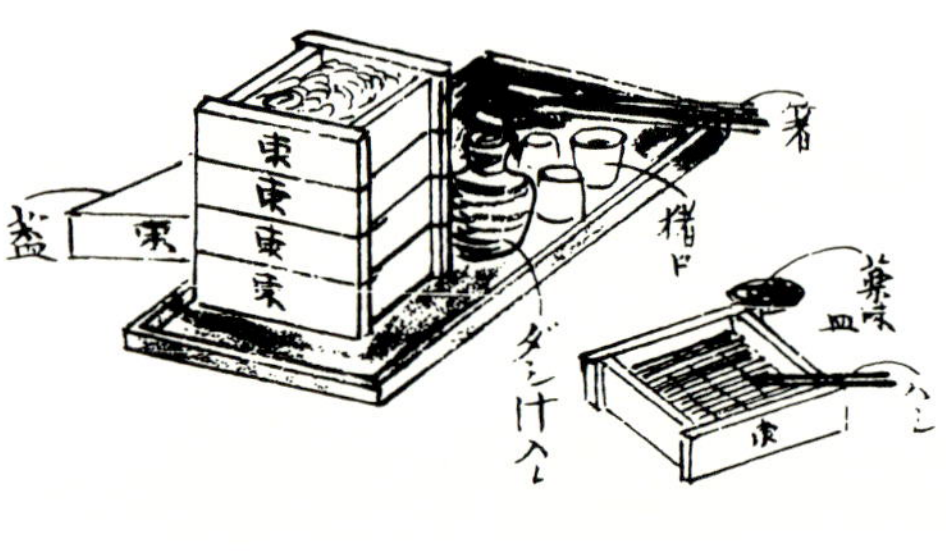

盛りそばの器　『守貞謾稿』

(風聞《ふうぶん》きき) 上の絵は、天保十四年（一八四三）から五十余年、江戸の猿若町（台東区浅草六丁目）の芝居風俗を描いた版画二十七枚の中の一枚で、庶民に人気のあった二八そばの屋台が市村座の前に出ています。風聞ききは「芝居の打出し後、其座の表へ芝居好きの人三々五々集り、狂言の筋役の当否《よしあし》を語り合ふを、芝居より人を出しこの評を聞かせて、訂正する事あり。堺町ふきや町頃には、江戸橋、親父橋辺りへ人を出し、帰り客の評判を

大江戸芝居年中行事　風聞きき　安達吟光画　明治三十年（一八九七）　国立国会図書館蔵

聞かせたるよし」と絵の左上に説明があります。

二八そばの屋台の傍には、丼を持ってかけそばを食べている人がいます。かけそばは、ぶっかけそばの略で、『蕎麦全書』（一七五一）にはぶっかけそばについて要約次のようにあります。「江戸の新材木町に信濃屋という小さなそば屋があり、その辺は労働者が多いので、立ちながら食べられるように、丼にそばを入れてそば汁をかけ、ぶっかけそばとして売り出したのが元祖である。」この頃まではそばはそばつゆをつけて食べるのが普通でした。ぶっかけそばが、かけそばと呼ばれるようになったのは寛政元年（一七八九）頃からといいます。

（風鈴そば屋松五郎） 松五郎に扮した三代目尾上菊五郎は、丼とざるを持っていますから、かけそばを作っている姿のようです。芝居の絵なので石橋先生に解説をしていただきました。「この絵の芝居は、文化十三年（一八一六）十一月に中村座で上演された「不破名護屋雪棹《ふわなごやゆきのだてがさ》」で、顔見世狂言です。当時の芝居は前半を時代物、後半を世話物にし、しかも物語としてつながるように作られ、特に顔見世狂言の後半は雪景色にする約束事があり、この場面も雪景色です。」

夜そば売りは、江戸では夜鷹《よたか》そばとよばれていましたが、その理由には二説あって、夜鷹とよばれた街娼《がいしょう》がよく利用したから、もう一つは鷹《たか》匠《じょう》（幕府や大名に仕えて鷹狩りの鷹を飼う役）が冬に冷えた拳を暖めるための、お鷹そばが転化《てんか》したというものです。

宝暦（一七五一—六四）の頃になると、それまでの夜鷹そばよりも品質や食器をよくした屋台が現れて、屋根の下に風鈴を下げ、呼び声は出さずに風鈴の音で売り歩き、風鈴そばとよばれました。右の絵の屋台にも風鈴が見えます。

不破名護屋雪棹　初代歌川豊国画　文化十三年（一八一六）頃　蕎麦風俗資料研究会蔵

江戸料理再現

国立劇場十八番

（国立劇場十八番《おはこ》の江戸弁当）

国立劇場は平成八年に創立三十周年を迎え、十月の記念公演の時に、劇場二階の第一食堂十八番では、初めて江戸時代の料理を再現した記念献立の江戸弁当をつくりました。私が平成八年四月に出版した『図説江戸料理事典』を目にされた劇場の平島理事から依頼されて、記念献立の作製に協力したことが、その後の歌舞伎座厨房での江戸料理再現へと続き、平成二十一年の今日に至っています。

上の図は記念献立の江戸弁当の献立表で、わかりやすいように弁当箱に盛った形で献立を書き、現在では知る人の少ない小板蒲鉾《かまぼこ》・六条豆腐・煎酒《いりざけ》・氷蒟《こおりこん》蒻《にゃく》などには簡単な説明を献立表に添えました。

江戸時代の料理を再現した弁当、略称「江戸弁当」は、平成八年以来、国立劇場で歌舞伎公演のある月には、月毎に趣好をかえてつくり続け、文楽弁当をつくることもあります。写真は最近の江戸弁当の三種類です。

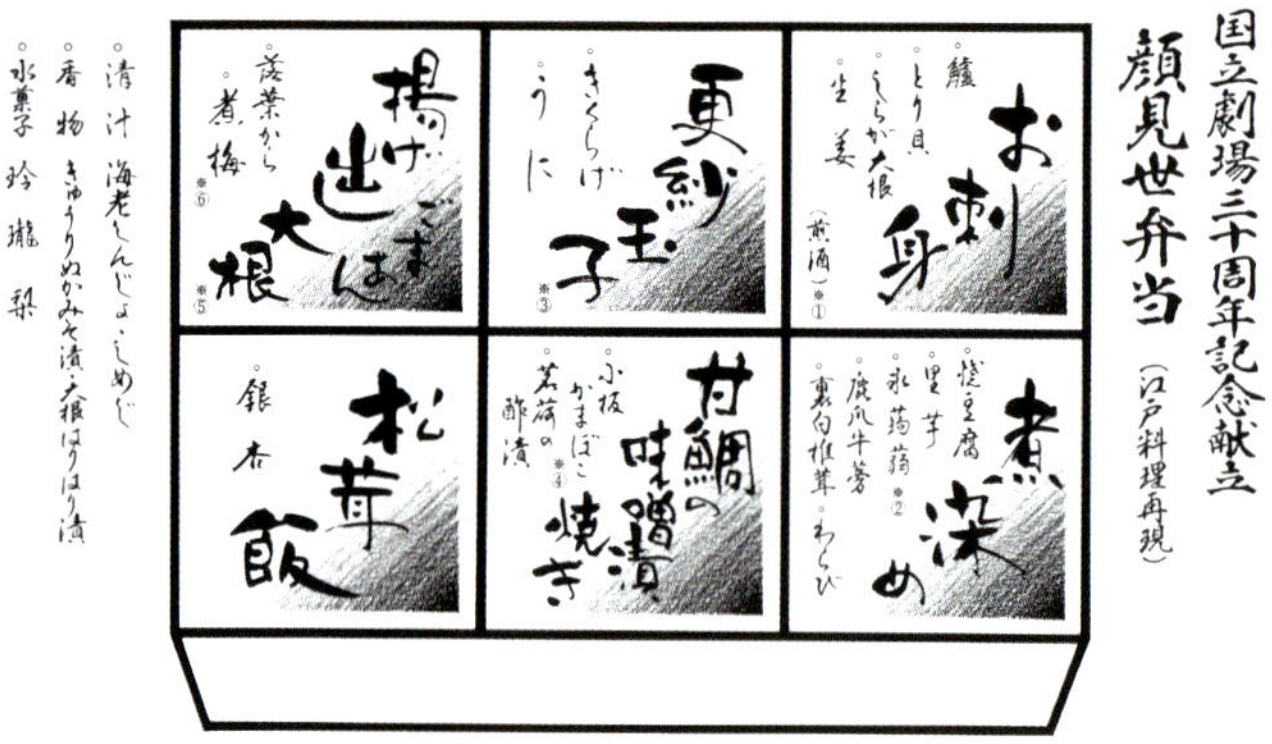

〈文楽弁当〉 平成二十一年二月の文楽公演の時の文楽弁当です。公演は三部に分かれ、一部は「鑓《やり》の権《ごん》三重帷子《ざかさねかたびら》」、二部は「敵討襤褸錦《かたきうちつづれのにしき》」、三部は「女《おんな》殺油地獄《ごろしあぶらのじごく》」でしたので、三部それぞれの物語の背景となった土地の当時の名産を用いた料理を考えました。一部は出雲で鰤《ぶり》、二部は大和で干柿とぎんなん、三部は摂津で干瓢《かんぴょう》・蜆《しじみ》・蕪《かぶ》です。弁当箱の右上は刺身（鰤と帆立貝柱）、右下は煮物（高野豆腐・干瓢・里芋・人参・椎茸・蒟蒻・さやえんどう）、左上は揚げ物（海老かね・ぎんなん）、左下は和え物で白和《しらあ》え（干柿・蒟蒻）と和えまぜ（金糸卵・大根・人参）です。弁当箱の向うには左から茶飯、香の物（小蕪味噌漬）、蜆の味噌汁があります。

献立のうち「和えまぜ」は、野菜のせん切りや魚介類の干物を削ってまぜ、煎酒酢などで和えたもの。煎酒酢は煎酒（27頁参照）に酢を加えたものです。茶飯は醤油味の茶飯ではなく、茶の煎汁で炊いた江戸時代の茶飯です。

揚げ物の中の「海老かね」の作り方は『料理通』四編（一八三五）に「車海老の髭と尾をとり皮のまゝよくたゝき、木耳《きくらげ》や人参の千切りを加え、葛粉と卵少量をまぜ、小さくつまみ油で揚げて葛あんをかける」とあります。

文楽弁当

〈正月の江戸弁当〉平成二十一年一月の歌舞伎公演の時の弁当です。「象《ぞう》引《ひき》」「十返《とかえり》りの松」「誧競艶仲町《いきじくらべはでななかちょう》」が上演され、おめでたい正月の弁当なので、祝い肴《さかな》のごまめ、黒豆を加え、「十返りの松」にちなんで、松竹梅の名のつく料理を盛り込みました。

弁当箱の右上は鯛の子付膾《こづけなます》、右下に煮染《にしめ》（梅花人参・筍・里芋・高野豆腐・椎茸・干瓢・さやえんどう）、中上に鴨の松風焼と松笠いか、中下は更《さら》紗《さ》玉子、左上に黒豆・ごまめ・紅白蒲鉾・たたき牛蒡《ごぼう》・厚焼玉子、左下は筍梅肉和えと海老白和えです。そのほか小豆《あずき》飯、清汁《すましじる》（玉子豆腐・椎茸・三つ葉）、香の物（あちゃら漬）、菓子（玲瓏《こおり》蜜柑）です。

子付膾は糸作りやそぎ作りにした魚肉に、その魚の卵を塩や酒で調味して煎り付けたものをまぶした膾です。松風焼は焼物の一種で材料の表側だけにけしの実を振ったもので、「裏がさびしい」が「浦（海岸）さびしい」に通じ、浦の松風からの命名といいます。更紗玉子は更紗模様に見えるように木茸《きくらげ》のせん切りを入れた玉子豆腐です。あちゃら漬は、語源がペルシャ語で漬物をさすアチャールといわれ、唐辛子入りの甘酢に漬けた漬物をいい、多くは大根や蕪などの野菜を細かく切って漬けたものです。玲瓏蜜柑は『豆腐百珍』（一七八二）にある玲瓏豆腐の応用で、蜜柑の寄せ物です。寒天は江戸初期に出来たもので、中期頃から寄せ物に使われています。

正月の江戸弁当

〈大老御膳〉平成二十年十月、「大老」を上演した時の弁当です。北條秀司作の「井伊大老」は平成十六年十月の歌舞伎座で、松本幸四郎丈の直《なお》弼《すけ》で見ており、暗殺される前夜に千駄ヶ谷屋敷でお静の方と語り合う場面で、宵節供の雛壇《ひなだん》が印象的でした。このときの「大老」では直弼に中村吉右衛門丈で、舞台への期待が大きいと、江戸弁当の企画にも熱が入りました。井伊大老は彦根藩主であり、彦根藩は毎年牛肉の味噌漬を将軍家と御三家に献上していましたので、牛肉味噌漬の煎焼《いりやき》を第一に考え、印象的だった宵節供の雛の料理を加えました。

写真の弁当箱は右上から刺身（鱸《すずき》・鳥貝・白髪大根・とさかのり・煎酒酢）、右下は煮染（南瓜・椎茸・人参・蓮根・高野豆腐・蒟蒻・さやえんどう）、中上は牛肉味噌漬の煎焼と和えまぜ（大根・木茸・金糸玉子・三つ葉・針生姜・煎酒）、中下は伊勢豆腐（わさび添え）、左上は雛の料理（紅白蒲鉾・厚焼玉子・海老鬼殻焼・蜆時雨煮・金柑甘煮）、左下は和え物三種で、ほうれん草胡麻和え・蓮根梅肉和え・干瓢胡桃《くるみ》味噌和え。そのほか茸飯、清汁（玉子豆腐・椎茸・三つ葉・柚子）、香の物（あちゃら漬）、菓子（玲瓏りんご）です。

調理担当は井出源一郎調理長です。

大老御膳

江戸料理再現
歌舞伎座厨房

〔幕の内弁当〕

幕の内弁当については『守貞謾稿』の巻之二十四（雑劇）と、後集巻之一（食類）の二ヵ所に記述されています。幕の内弁当の再現はこの記述によっていますので、次に原文を引用します。

巻之二十四芝居茶屋の中に「観者食類は客の好みにより、また席品により一定ならずといへども、大略まづ観席に付くと即時に煙草・茶および番付を持ち来り、次に菓子、次に口取り肴、次にさしみ、あるひは肴、次に煮もの、次に中飯、次に鮓《すし》、畢《おわ》りに水菓子、以上を通例とす。京坂も大同小異のみ。中飯、江戸は幕の内と号《なづ》けて、円扁平の握り飯十顆を、わづかにこれを焼くなり。これに添ふるに焼鶏卵・蒲鉾《ぼこ》・こんにゃく・焼豆腐・干瓢、以上これを六寸重箱に納《い》れ、人数に応じ、観席に持ち運ぶを従来の例とす。専ら茶屋にて製すること勿論なれども、小屋は自家にこれを調せず。芳町にこれを製す店ありて、一人分価銭百文とす。笹折に盛りたり。これを茶屋にては、重に詰めさせて客に出すもあり。今の地に遷りても芳町より出店を出し、両店とも万久といふ。また客の好みによりこれを用ひず、茶漬あるひは本膳をも調するなり。これは専ら芝居に運ばず、茶屋にて食す。」

江戸の幕の内弁当

後集巻之一握飯の中には「にぎりめし。古はどんじきといふ。屯食なり。今俗あるひはむすびといふ。本女詞《もとおんなことば》なり。今世は掌に塩水を付けてこれを握る。三都とも形定まりなしといへども、京坂は俵形に制し、表に黒胡麻を少し蒔くものあり。江戸にては、円形あるひは三角等、径《わた》り一寸五分ばかり、厚さ五、六分にするもの多し。胡麻を用ふること稀なり。多くは握りて後にこれを炙るもあり。江戸、今製、掌に握り製し、あるひは木形をもって押し制す。また江戸、芝居観者の中食に専ら握り飯を用ふを例とす。炙制《しゃせい》にして、菎蒻《こんにゃく》・焼豆腐・芋・蒲鉾・玉子焼等を合す。」

このあとに巻之二十四と同じく万久で売っていることが書かれていますが省略します。二つの記述はほとんど同じですが、違っているところは弁当のおかずです。芝居茶屋のところでは干瓢《かんぴょう》とあるところが、握飯の記述では芋になっています。芋といえば当時は里芋をさしています。『守貞謾稿』を書くのには天保八年（一八三七）から約十六年かかっていますから、おかずの変化も有り得ることです。再現では干瓢も里芋も入れておかずを多くしました。上の写真のおかずは左上から玉子焼・蒲《かま》鉾《ぼこ》・干瓢・里芋・焼豆腐・蒟蒻《こんにゃく》（黒い玉蒟蒻）です。握飯は都合で焼いてありませんが、当時の握飯の多くは焼飯《やきいい》の名で軽く焼いてありました。

〔芝居茶屋の料理〕

柳沢信鴻《のぶとき》の『宴遊日記別録』(50・51頁参照)から芝居茶屋の食事を再現したものです。

〈安永三年(一七七四)二月三日〉この日は午前六時頃に供二十人程を連れて住居の六義園を出発し、堺町(現在の人形町辺)の松屋で朝餉《あさげ》をとります。「茶漬・今出川《いまでがわ》豆腐・漬物」。今出川豆腐は焼豆腐の煮物で、煮汁は鰹節《かつおぶし》だしに酒を加え、鍋に昆布を敷いて焼豆腐をならべ、上も昆布で覆い、煮汁を加えて弱火でよく煮てから、醤油をさして塩梅するもの。上置はわさびです。中村座で観劇し、幕間に松屋で夕餉です。「茶飯、汁(海老・菜・うど)、膾(ぼら・くらげ・芹)、焼物(蒸かれい)、のっぺい(肉・鮑《あわび》・長芋)、浸物(ほうれん草)」。写真にはありませんが打出し後に夜餉をとっています。「ぶっかけ(かけそば)・薬味は大根おろし・鰹節・唐辛子、煮物(麩・肉・芹)」。帰着は午後八時過ぎ。往復徒歩でした。

〈安永四年八月十六日〉旧暦八月は現在の九月頃にあたります。午前九時頃に七人の供を連れて中村座へ観劇に出かけ、幕間に松屋で夕餉をとります。「飯、汁(椎茸・大根)、煮物(初茸・芹)、茶碗(長芋と木茸《きくらげ》の葛かけ)、膾(ぼら)」。暮れ方に打ち出しになり、松屋で夜餉をとります。「飯、汁(椎茸・かぶ)、煮物(はんぺん・くわい)、焼物(切肉)、漬物(人参)」。月の明るい夜道を歩き、午後八時頃帰着します。この日は側室と子息に羊《よう》羹《かん》と煎餅のお土産を渡しています。寒天を使った練羊羹は十九世紀に入って普及するので、土産の羊羹は蒸羊羹と考えられますし、煎餅は現在のような米粉製でなく小麦粉製の瓦煎餅のようなものです。また、献立の中には煮物にも焼物にも肉がよく使われていますが、何の肉かは不明です。

調理担当は紺野満調理長です。

朝餉　安永三年二月三日

夕餉　安永三年二月三日

夕餉　安永四年八月十六日

夜餉　安永四年八月十六日

参考文献

＊本書に収録した参考文献の初出頁と文献名を示した。

6頁 『閑窓瑣談』佐々木貞高、江戸後期（『日本随筆大成』一期一二巻、吉川弘文館）

7頁 『山内料理書』写本、一四九七頃、内閣文庫（『日本料理秘伝集成』一八巻、同朋舎出版）

8頁 『日葡辞書』一六〇三（『邦訳日葡辞書』岩波書店）

『料理物語』一六四三（『翻刻江戸時代料理本集成』一巻、臨川書店）

『風俗問状答』一八一三頃（中山太郎著『諸国風俗問状答』所収）

『守貞謾稿』喜田川守貞、一八五三（『近世風俗志』全五巻、『岩波文庫』所収）

『日用総菜俎』好食外史校、一八三六、折本

10頁 『骨董集』山東京伝、一八一五（『日本随筆大成』一期一五巻）

11頁 『日本歳時記』貝原益軒、一六八七（『生活の古典双書』一、八坂書房）

12頁 『東京年中行事』若月紫蘭、一九一一（『東洋文庫』全二巻―120・121、平凡社）

『江戸名所図会』斎藤月岑・他、前半一八三四、後半一八三六（翻刻『新版江戸名所図会』全三巻、角川書店、一九七五）

13頁 『還魂紙料』柳亭種彦、一八二六（『日本随筆大成』一期一二巻）

『馬琴日記』滝沢馬琴、一八三四

『慶応二年御献立帳』一八六六（『調味料理栞』六巻）

14頁 『東都歳事記』斎藤月岑、一八三八（『東洋文庫』全三巻―159・177・221）

『続飛鳥川』著者成立年未詳（『日本随筆大成』二期一〇巻）

『絵本江戸風俗往来』菊池貴一郎、一九〇五（『東洋文庫』50）

『浪華の風』久須美祐雋、一八六三（『日本随筆大成』三期五巻）

18頁 『農業全書』宮崎安貞、一六九七（『岩波文庫』）

『本朝食鑑』人見必大、一六九七（『東洋文庫』全五巻―296・312・340・378・395）

21頁 『江戸名所花暦』岡山鳥、一八二七（『ちくま学芸文庫』）

22頁 『東京風俗志』平出鏗二郎、上巻一八九九、中巻一九〇一、下巻一九〇二（『東京風俗志』八坂書房）

25頁 『鶉衣』横井也有、一八四一（『岩波文庫』）

『愚雑俎』田宮仲宣、一八一一（『日本随筆大成』三期九巻）

27頁 『黒白精味集』孤松庵養五郎、一七四六（「千葉大学教育学部研究紀要」三六・三七巻二部に翻刻、一九八八）

『四季漬物塩嘉言』花笠文京、一八三六（『日本料理秘伝集成』一四巻）

28頁 『料理早指南』醍醐山人、一編・二編一八〇一、三編一八〇二、四編一八〇四（『翻刻江戸時代料理本集成』六巻、臨川書店）

34頁 『和漢三才図会』寺島良安、一七一二（『東洋文庫』全一八巻）

41頁 『飲食事典』本山荻舟、一九五八

46頁 『戯場訓蒙図彙』式亭三馬、一八〇三（国立劇場芸能調査室、一九六九翻刻）

50頁 『鯛百珍料理秘密箱』器土堂主人、一七八五（『翻刻江戸時代料理本集成』五巻）

『宴遊日記別録』柳沢信鴻、一七七三―八五（『日本庶民文化史料集成』一三巻）

53頁 『飛鳥川』柴村盛方、一八一〇（『日本随筆大成』二期一〇巻）

54頁 『人倫訓蒙図彙』著者不詳、一六三〇（『東洋文庫』519）

63頁 『料理塩梅集』塩見坂梅庵、天の巻一六六八、地の巻不明（「千葉大学教育学部研究紀要」二五巻に翻刻、一九七六）

64頁 『江戸繁昌記』寺門静軒、一八三二（『東洋文庫』全三巻―259・276・295）

65頁 『魚鑑』武井周作、一八三一（『魚鑑』八坂書房）

71頁 『料理通』八百善主人、初編一八二二、二編一八二五、三編一八二九、四編一八三五（『翻刻江戸時代料理本集成』一〇巻）

『貞丈雑記』伊勢貞丈、一八四三（『東洋文庫』全四巻―444・446・450・453）

72頁 『嬉遊笑覧』喜多村信節、一八三〇（『岩波文庫』全五巻）

80頁 『男重宝記』苗村丈伯、一六九三（『現代教養文庫』社会思想社）

83頁 『伊勢参宮献立道中記』一八四八（『日本庶民生活史料集成』二〇巻）

85頁 『名飯部類』杉野権右衛門、一八〇二（『翻刻江戸時代料理本集成』七巻）

『料理集』橘川房常、一七三三（「千葉大学教育学部研究紀要」三〇巻二部に翻刻、一九八一）

86頁 『日本の野菜』青葉高、八坂書房、一九八三

『日本山海名産名物図会』平瀬補世、一七九七（『日本山海名産名物図会』社会思想社）

89頁 『三田村鳶魚全集』全二七巻、一九七六―七七、中央公論社

91頁 『女重宝記』苗村丈伯、一六九二（『現代教養文庫』、社会思想社）

92頁 『和俗童子訓』貝原益軒、一七一〇（『岩波文庫』）

100頁 『食生活の歴史』瀬川清子、講談社、一九五七

102頁 『奈良朝食生活の研究』関根真隆、吉川弘文館、一九六九

104頁 『素人包丁』浅野高造、初編一八〇三、二編一八〇五、三編一八二〇（『翻刻江戸時代料理本集成』七巻）

106頁 『つれづれ日本食物史』川上行藏、一巻・二巻一九九二、三巻一九九五、東京美術

107頁 『豆腐百珍続編』何必醇、一七八三（『翻刻江戸時代料理本集成』五巻）

108頁 『蜘蛛の糸巻』山東京山、一八四六（『日本随筆大成』二期七巻）

『歌仙の組糸』冷月庵谷水、一七四八（『翻刻江戸時代料理本集成』三巻）

110頁 『物類称呼』越谷吾山、一七七五（『物類称呼』八坂書房）

『蕎麦全書』日新舎友蕎子、一七五一（『蕎麦全書』、東京書房、一九八一）

あとがき

「まえがき」にも書きましたように、本書が出来上がるまでには多くの方々にご援助、ご協力をいただきました。本書のもとになった『歌舞伎座メールマガジン』の「江戸食文化紀行」連載の前には、劇場食堂での江戸時代料理の再現がありました。一九九六年十一月の国立劇場十八番《おはこ》での江戸弁当に始まるもので、長年の江戸時代料理書の研究が実際に活用されることになり、十八番を経営するレストランモアの内田竹宣社長にはいろいろとご配慮をいただき、楽しい仕事を続けています。

歌舞伎座厨房では一九九八年七月に、江戸時代の「幕の内弁当」の再現に協力させていただいて以来、歌舞伎座事業株式会社の渡辺桂太郎取締役営業部長には、『歌舞伎座メールマガジン』への連載も含めてお世話になっています。メールマガジンは二〇〇六年に『歌舞伎美人《かぶきびと》』の名称にかわりましたが連載は現在も続けています。また、文明の機器には無縁の私が鉛筆で書く原稿を、形を整えてメールマガジンで配信する忍耐のいる仕事を、二百回余りも続けて下さっている、「たて新」の飯田洋一さんのご協力がなければ、本書の出版もあり得なかったと思います。

錦絵の掲載については、味の素食の文化センター、虎屋文庫の方々に格別のご配慮とご援助をいただきました。また「にんべん」の高津会長ご夫妻、秋山洋一専務には、錦絵に加えて、『家内年中行事』の引用についてもご親切なご配慮をいただきました。本書の発行者、遊子館の遠藤茂さんは、柏書房におられた時、拙書『図説江戸料理事典』の編集を担当してくださった方で、今回も私の願った通りの本を作ってくださいました。お世話になった方々に、心からお礼を申し上げます。

「梅雨はれ間吾が新刊の香りかな」の句は、恩師川上行藏先生が一九八九年六月に九十歳で出版された『湯吹きと風呂吹き』（柴田書店）のご本の中扉に墨書して下さったものです。私も八十四歳で本書を出版できた喜びに、二十年前の先生の句が重なりました。

二〇〇九年六月　　松下幸子

松下幸子（まつした　さちこ）
一九二五年生まれ。東京女子高等師範学校家政科卒業。埼玉師範学校、埼玉大学を経て一九六五年より千葉大学に在職。一九九一年三月定年退官。現在、千葉大学名誉教授。二〇〇五年瑞宝中綬章受章。埼玉県さいたま市在住。
専攻　調理学、江戸の食文化。
著書『江戸料理読本』（柴田書店）、『祝いの食文化』（東京美術）、『図説江戸料理事典』（柏書房）。共著に『料理文献解題』（柴田書店）、『再現江戸時代料理』（小学館）、『日本料理由来事典』（同朋舎出版）、『料理いろは庖丁』（柴田書店）。

［協力機関］（順不同）
歌舞伎座事業株式会社
株式会社レストランモア
株式会社にんべん
財団法人味の素食の文化センター
株式会社虎屋・虎屋文庫
国立国会図書館
蕎麦風俗資料研究会
独立行政法人日本芸術文化振興会・国立劇場
東京国立博物館
神奈川県立歴史博物館
有限会社たて新

錦絵が語る江戸の食

二〇〇九年七月十六日　第一刷発行

著者　松下　幸子
発行者　遠藤　茂
発行所　株式会社　遊子館
107―0062　東京都港区南青山一―四―二　八並ビル
電話　〇三―三四〇八―二二八六
FAX　〇三―三四〇八―二一八〇
印刷・製本　シナノ印刷株式会社
定価　カバー表示

ISBN978-4-946525-97-1 C1639